我是看着你长大的

刘书宏
刘真然 著　王宁 绘

国际文化出版公司
·北京·

我们终于长大了

刘湛然在家里排老二，大家平时都叫他的小名——刘二子，叫着叫着，就成了二子。

小时候的事情，到现在其实大部分都只剩下一些模糊的记忆和片段，虽然是姐弟俩，但从小并没有在一起生活很久。

我想大概是命里注定，虽然生在同一个家庭，受着父亲同样的教育，但因为天生性格不同，未来也注定将走上不同的道路。

2002 年的某一天，在我的脑海里唯一留下的片段，就是我爹开着家里的白色老捷达，带着我在通往医院的高架桥上飞奔。

到了医院之后，我爹在产房外面站着，等着，捧着一本《地藏经》，一直念到孩子从产房里被推出来。

大家都围过去看，我也跟着过去看了一眼，然后一脸嫌弃地说，怎么这么丑，像个猴子。

我爹笑着说，刚出生的孩子都长这样，你小时候也是这样的。

我想了想说，好吧。

二子小时候的那几年，我不怎么住在家里，对于刘二子的成长速度，在我看来是很快的，每次回家，看见他都会变一个样，不是胖一点，就是高一点，慢慢到了小男孩淘气的年纪，鬼点子也变得多了。

这本书的名字，叫《我是看着你长大的》，但是作为他的姐姐，我并没有看着他长大，而是很多很多人看着他长大，很多很多人都为我们的成长付出过心力。

这本书记录了刘二子从小时候一直到他 7 岁时的成长经历，其中很多事情我已是后来看了稿子才知道的。比起弟弟，我更喜欢小妹妹，比如书里提到的珠珠。所以，我对我弟弟的生活其实并没有很关注，正因为如此，最早看到这本书稿的时候，也感觉到了一丝惊牙。

　　刘二子小时候给我的印象，其实就是个熊孩子，跟大多数正值淘气年纪的小男孩一样，淘气，不太懂事。这些生活中的小细节，更是从来都没有在意过，看到这些的时候才发现，原来这个小屁孩，还是挺可爱的。

　　可能因为我只是姐姐，不会像父亲那样对一个熊孩子包容和关爱，也不会对他的成长有太多的关注。在那个大家都是小屁孩的时候，我在意的更多的还是自己手里有几个棒棒糖。

　　这本书里的内容，我不知道老爸是从什么时候开始写的。至少在我的印象中，他出家前的几年，一直都在奔波忙碌。也许他是从二子刚出生就开始准备记录他的成长，又或许是在某一天突然开始回忆，并写下了这些文字。

　　在写这段文字时，我回忆起了一些片段：

　　父亲蹲在客厅的墙角，一边照顾我和弟弟，一边用电脑写文章，电脑就放在一个小板凳上。有时候弟弟会爬到他的头上，但他依然一边写，一边哄弟弟玩。有的时候我也会和他捣捣乱，他基本都能满足我，比如带我出去玩玩什么的。有时候他也要放下电脑，来解决一下我和弟弟的冲突；

　　有时候，他会带我们一起去郊外，说，我们去探险；

　　爸爸的办公室，我和弟弟也常常去祸害；

　　……

　　唉，那些往事，就不提了，总之，我真的不太清楚，父亲是用什么时间来写这些文字的，他那么忙，还要照顾家庭，忙于事业。但无论理由如何，我相信这些事都是由爱而起的。

关于到底为了什么，我没有去问过，但是在我看来，老爸也只是想用这种方式让我们知道：他对这个世界的认识，他内心里作为父亲的责任以及担当，他用他的方式来表达自己的爱。有的让我感觉很温暖，有的也挺颠覆的，比如，他出家。

下面这些话，是写给我的弟弟刘二子的，您可以随便一读，也许会有一点用处。

刘二子你好，作为你的姐姐，我有几句话想告诉你：

你的父亲出家了，这是一件值得你去骄傲的事情，也许以后你会听到很多人对你说，你爸爸不负责任，扔下你自己潇洒去了。

其实并不是，你的父亲选择出家，是给你的未来做的最好的打算。等你长大就知道了。

他给你留过一封信，我想还是要等你再大一点才能看得懂。也许五年后，或者十年后，当你在人生的道路上遇到挫折时，记得把他写给你的信翻出来看一看，那里面有帮你解决所有问题的方法，就像诸葛亮的锦囊。

小时候我总是欺负你，因为我不怎么喜欢你，现在也是不怎么喜欢。不怕你听着伤心，这个你是知道的。

小时候欺负你，是因为你个子小好欺负，而且你抢了我的糖；长大了还欺负你，是希望你能懂得独立。

从爸爸的角度想，他一定是希望你能够永远当一个天真可爱的小傻孩儿，但可惜，你早晚要学会长大。

成长是一个痛苦的过程，有时会在某一个阶段突然长大，但你总要经历一些让人感到悲伤的事。可能现在你会觉得我欺负你很过分，不过等你以后步入社会，就不会这么觉得了。

很抱歉没能在你的童年留下一个大姐姐的好印象，但是要记得，你的家庭环境和别人不同——很小的时候就没有了父亲在身边陪伴照顾，也没有人会满足你物质上的欲望。这是件好事，人要学会独立，父母早晚也会先一步离开人世，没有人能护你一辈子。

你的经历终将成为你人生的财富，你受过的苦，在未来的某一天都会变成你成功的养分，所以不用担心太多，好好学习，安心做好当下的事。你老爸虽然出家了，但是他永远都是这个世界上最爱你的老爸。

愿这本书成为我们继续成长的动力，让我们更加勇敢地面对生活，克服一个又一个来自心灵深处的困难。

愿我们的一生都坚强向上。

愿天下所有的父母和孩子都健康成长。

因为，生活需要我们有多坚强，我们就会多么坚强。

目 录
CONTENTS

谁爱说谎

刘湛然排行老二，有时候叫他刘小二或者二子。

男孩，还不满四岁，很搞笑。

湛然睡觉前问我，爸爸，是不是说谎了，鼻子就会变长？

我想了想说，是啊。

湛然说，哦，原来是真的，我们老师也这样说。

我说，对啊，所以小朋友不可以说谎的。

湛然说，就是。爸爸，你看，大象真不像话。它总说谎，鼻子都那么长了。

赚钱不容易吧

湛然和我一起在公司里住了些日子，他对公司里的办公设施都挺了解，不稀罕，唯独对打印机表示了很大的兴趣——一张张彩色的画面能被迅速地打印出来，很神奇。

公司里的同事给他打了一些画，他如获至宝，放在床头。

晚上读完书，他忽然问，爸爸，赚钱是不是挺不容易的？

我说，是啊。

湛然说，那你为什么不用打印机打印钱呢？

干点什么事情吧

珠珠是个小女孩，是湛然的好朋友。

两个人都不满四岁，再有一两个月就四岁了。

湛然大一点，珠珠小一点，所以湛然是哥哥，珠珠是妹妹。

湛然去珠珠家玩，珠珠家里有很多客人，都坐在客厅里，把客厅占领了。

湛然和珠珠是很听话的孩子，两个人就在自己的屋里玩。

玩了很长时间，觉得没有意思了，于是珠珠就说，湛然，咱们做点什么事情吧。

湛然说，好啊，那就做点什么事情吧。

珠珠说，好的，我带你去上班吧。

于是珠珠拉着湛然的手到了客厅里，指着客厅里的人说，湛然，我们把他们全都卖掉吧。

湛然惊讶地说，啊，能卖掉吗？有人买吗？

觉悟

早上，我和湛然下楼买吃的。

回来后，我整理食物，他用微波炉热牛奶，然后我们一起坐好，感谢我们拥有的食物，并祈祷更多的人都能够如我们一样享用食物。然后开吃。

吃完了，湛然说，爸爸，我知道为什么不能用打印机打印钱了。

我说，为什么呀？

湛然说，打印机打出来的是假钱。

我说，对。

你们家住在哪里啊

湛然家住三楼，一层是地下停车场。

湛然家的车不停在停车场里，而是停在楼下的便道上，但是湛然觉得地下停车场很有意思，很有新鲜感，而且觉得很神秘，于是，就要求我带他回家的时候要步行到地下停车场，然后从停车场的楼梯里找到自己家的门楼，再回家。

我告诉湛然，这就是探险。

湛然非常喜欢这样的探险，可并不是很容易就得到这样的探险机会啊。

每一次探险，湛然都要背诵一段《心经》。

珠珠第一次到湛然家做客。

到了楼下，湛然对珠珠说，珠珠，走，咱们一起探险去。

说着，我领着湛然和珠珠就往地下停车场里走。

珠珠大惊失色，啊，湛然，你们家住在停车场啊。

你是哪里人

湛然问我，爸爸，你在安徽出生的，所以你是安徽人，对吧？

我说，对啊。

湛然又问，爸爸，那妈妈是在天津出生的，所以是天津人，对吧？

我说，对啊。

湛然又问，爸爸，那珠珠是在北京出生的，所以是北京人，对吧？

我说，对啊。

湛然说，那我是肚子人。

我问，为什么呀，你怎么是肚子人啊？

湛然说，因为我是从妈妈肚子里出生的，所以我是肚子人啊。

乱花钱的刘小二

湛然爱吃零食，看见什么就磨人，要给买。不给买就磨，直到把你磨到崩溃。我想了个办法：买东西之前，让他算钱，告诉他这是晚饭的钱，如果用掉了，比如买玩具了，或者买漫画书了，就没钱吃饭了。

通常，湛然会说，那我就不吃饭了。结果，到了吃饭的时候，湛然还是要跟着吃。一直是这样。

有一次，他又磨我买了一个很小很小的玩具汽车——这个汽车竟然要十九块钱。跟他讲了很多道理，结果买了一个最便宜的——十五块钱。对我来说，还是太贵了。真不能想象，现在孩子的玩具竟然这么贵。

因为我们住公司，公司里不能做饭，所以一直要在外边吃。

到了晚上吃饭的时候，我说，湛然，你的晚饭钱已经买小汽车了，所以你晚上就不能吃饭了，这是我们说好的，你可不要跟以前一样再磨我。这次，我是下狠心不让你吃晚饭了，你就看着你的小汽车吧，看肚子能不能饿。

湛然想了想说，那你吃你的，可是，你能把你的分一点给我吗？

你打奔儿了

"打奔儿"是个俗语，是指说整段的话有点不利索，间断了，不流利了。

湛然从幼儿园回来，磨我给买个电动火车。

开始我总是不答应，终于挨不过湛然的磨，于是就去买了，但是有个条件，就是让湛然背诵一段《心经》。

无无明……嗯……
eng……亦无无明尽……

湛然在背诵的过程中有点打奔儿。

我告诉湛然，你有点打奔儿，但是总的来说还是很流利的，所以就给你买电动火车。

湛然很高兴，问，爸爸，打奔儿是什么意思？

我说，打奔儿就是说得不流利，有点间断的意思。

湛然说，哦，我知道了。

买电动火车的时候，湛然认真地问售货员阿姨如果坏了怎么办。

售货员阿姨说，如果不是你故意摔坏的，就来换吧。

湛然说，好的，如果不是我摔坏的，它自己坏了，你就给修一修。谢谢你，阿姨。

售货员阿姨乐坏了。因为很少经历这么小的孩子跟自己严肃地谈论售后服务的事情。

回到家里，湛然喜欢那个小火车，非常喜欢。

睡觉前，湛然让我给他讲故事，我讲的是新编的大尾巴鹰的故事。

这个故事很长，很多系列，逐渐在湛然心目中的地位已经超过美国版的《猫和老鼠》了。

说着说着，我就困了。困了还在说，于是就说得有点乱。

湛然说，爸爸，你打奔儿了。

太贵了

　　湛然又要买玩具。

　　我带着湛然去了超市。

　　在进入超市的时候，湛然告诉我，爸爸，玩具太贵了，不能买那么贵的，如果要买，就买一个便宜的吧。

　　我说，好孩子，说得好，说得对，不能太奢侈，不能买贵的玩具。

　　湛然到了玩具柜台前，看中了一挺机关枪，说，这个太贵，不能买。这样吧，咱们买一个变形金刚的剑吧。

　　我说，这个太贵了，三十五块钱啊。

　　湛然就磨我。

　　终于磨得我没办法了，只好买了。

　　买完以后，湛然高兴地拿着玩具走了。

　　离开柜台时，湛然说，爸爸，咱们下次买玩具的时候不能买贵的。如果要买，就买便宜的吧。

　　售货员阿姨说，孩子，我每次都听你这么说。

姥爷真的是盲人吗

湛然的朋友珠珠的姥爷是个盲人，从上海来北京看望珠珠，要和珠珠一起过 2007 年的春节。

从小很少看见姥姥和姥爷的珠珠感到很新鲜，对姥爷进行了细致而深入的观察。

因为姥爷是个盲人，什么也看不见，所以，家里人对珠珠进行了很多嘱咐，以便于珠珠能够和姥爷好好地相处。

吃饭的时候，珠珠表达了她的看法。

她问大家，姥爷真的是什么都看不见吗？

大家说，是啊，有什么问题吗？

珠珠说，我觉得他不是盲人，他一定看得见。

大家说，为什么呀？姥爷就是盲人啊，他看不见啊。

珠珠说，不对，如果姥爷真的什么都看不见的话，那为什么他吃饭的时候，总是能把饭菜放进自己的嘴里呢？

湛然的心眼

带湛然从北京回天津过周末顺便办点事情。

路上湛然要听音乐，他非常爱听"吉祥三宝"，一张盘里有很多首歌，但是他只爱听那一首，于是反复地听。

一路上，听得车上人都很烦，很想再听点别的，于是妈妈和湛然商量：能不能听首别的，这张盘里有很多歌啊。

湛然只想听那一首，断然拒绝。

妈妈继续跟湛然商量：要不听完这一遍，就听下一首？总是听一首歌，实在受不了。

湛然说，听完这一遍，就到天津了。

其实离天津还有很远。

我说，湛然，你不就是不想让妈妈听下一首吗？

湛然说，我让她听，等到了地方，我们俩下车，让她一个人在车上听，想怎么听就怎么听。

姥爷，你要好好表现

湛然的朋友珠珠对姥爷说，你知道你的眼睛为什么看不见吗？

姥爷说，为什么呀？

珠珠说，是老天把你的眼睛给收走了。

姥爷说，是吗，那老天还能还给我吗？

珠珠说，那要看你的表现了。

姥爷说，好吧，那我好好表现。

珠珠说，行，那你先帮我从冰箱里拿个糖。

孩子的珍贵财富

湛然从幼儿园回来。

冬天，孩子们的外套都放在教室门前的两个塑料筐子里，放学的时候，家长们帮着从筐子里找出孩子们的衣服，给孩子们穿上，再把孩子们带回家。

我让湛然自己从筐子里找出衣服。

湛然看着那么一大堆衣服，说自己找不到。

我说，认真找就一定找得到。

湛然说，我认真找也找不到。

我说，认真找就一定找得到。

湛然就哭了。

哭也不行，哭也要自己找到。

湛然认为自己找不到。我们僵持起来。

我说，这样吧，我们就等着，等别人都把衣服拿走了，剩下的就一定是你的衣服。

湛然不同意。再僵持一会儿，湛然哭着鼻子找自己的衣服。终于找到了，湛然和我高兴得了不得。

从那以后，湛然的衣服就是自己找，自己穿。

珠珠来做客，下楼带垃圾。

珠珠自己把垃圾放进垃圾箱，上车自己爬上车，自己关车门，自己下车，自己关车门。

习惯了，就行了。

孩子长大了，很多事情都需要自己做，没有人会替他们做的。

所以，从小就不要放弃每一个能让孩子自己做事情的机会。

这些机会是孩子们的财富啊，虽然小，但非常非常珍贵。

当父母的，可千万不要剥夺孩子的这些珍贵财富啊。

爷爷去世了

　　湛然的爷爷去世了，但是，爷爷是在南方过世的，而湛然一直在北京。

　　他很难弄清楚死亡是怎么一回事，于是我就跟他解释。

　　我解释说，人都是要死亡的，像树木、花草，一切动物都会死亡。爷爷经历了他的一生，然后去世了。

　　湛然问，我也会死吗？

　　湛然得到的回答，是。

珠珠的姥姥、姥爷从上海来北京。

湛然去做客，见了两个老人。

湛然跟珠珠的姥爷说，我爷爷死了。

珠珠的姥爷说，是吗？

湛然又对珠珠的姥姥说，我奶奶还没死。

珠珠的姥爷、姥姥赶紧跟湛然解释，死不能说死，

要说去世。

你也多吃点吧

　　湛然的朋友珠珠被妈妈带出去吃饭，见了一位个子比较矮的朋友。

　　朋友为了哄珠珠多吃饭，说，珠珠，你多吃一点，这样会长得更漂亮。

　　珠珠说，行，那你也多吃一点吧，这样会长个儿。

借钱

珠珠的妈妈带珠珠出门，回来打车。

临下车时，珠珠的妈妈问司机，多少钱？

司机说，五十九。

珠珠的妈妈从钱包里找出钱来，数好了，递给司机。

坐在后排的珠珠忽然站起来，对着司机说，哎呀，借钱是要付利息的呀。

我可不想倒霉

　　湛然在电视里看到了娶媳妇这样的事情，于是就和妈妈谈起这事来。

　　妈妈问，你长大了娶媳妇吗？

　　湛然说，我可不娶。

　　妈妈问，为什么呀？

湛然郑重地说，娶媳妇就倒霉了，
我可不想倒霉。

不是我踢的你

　　湛然晚上睡觉总是不老实，像个钟摆，在床上三百六十度地转来转去，被子也盖不好。

　　更小的时候，爷爷奶奶为了让他晚上睡觉不着凉，就把被子捆在他的身上。但是，这个毛病依然没有很好地克服。

　　我看他又横在床上睡，没办法，干脆就把我的脑袋枕在他的身上，说，你横着睡，简直就是个枕头，正好给我枕吧。

　　我得意地躺在他的身上。

　　湛然挪开身子，抬起脚，在我的脑袋上踹了一脚。

　　我质问他，你为什么要踹我？

　　湛然说，不是我踹的。

　　我说，不是你踹的是谁踹的？

　　湛然说，是枕头踹的。

好东西应该大家分享

湛然从小就被教育，有好的东西一定要大家分享。

对一个孩子来说，无非是两个东西，一个是吃的，再有一个就是玩具。

湛然和珠珠能够很轻松和大度地互换玩具和吃的东西。

湛然有好吃的，好玩的，当他要是开始想独自拥有或者不情愿让别人分享的时候，好东西应该大家分享这样的话就会像咒语一样被大家说出来。

大家会认真地跟孩子说，好东西应该大家分享，对不对？

于是，孩子就会老实地把东西交出来，给别人分享。

但是也有例外。

过年了，我们要回安徽老家看望湛然的奶奶。

临行前给奶奶买了一些北京的土特产，都是有包装的那种。

湛然谗坏了，忍不住了，简直就无法忍受这些包装得花花绿绿的糕点的诱惑，一定要打开吃。

于是，我告诉湛然，宝贝，这是带给奶奶的。你暂时不能吃。

湛然义正词严地说，好东西应该大家分享，好东西应该大家分享……

话音刚落，包装就被撕开了。

哪吒和悟空

湛然的朋友珠珠认为自己是哪吒。

该吃饭了，家长叫她，珠珠来吃饭了。

珠珠正色道：别叫我珠珠，叫我哪吒。

珠珠叫妈妈为悟空。

珠珠想和妈妈玩一会儿，可是妈妈在洗澡。

于是珠珠就叫妈妈，悟空，我能进去玩会儿吗？

妈妈答道，宝贝，不能。

珠珠说，为什么？

妈妈说，因为我在洗澡。哪吒，麻烦你把门关上好吗？这样妈妈会冷的。

珠珠说，难道悟空也怕冷吗？

妈妈说，是呀，悟空也怕冷啊。

珠珠说，悟空浑身不是长满了毛的吗，怎么也会怕冷呢？

妈妈说，你看到我身上长满毛了吗？

珠珠说，既然是悟空，就一定长满了毛。

小孩脸

上午要出门，湛然搂着爸爸哭得那个伤心啊，不想让爸爸走，要爸爸陪着在家里玩，说很想爸爸。弄得我怪伤感的。

晚上哄湛然睡觉。湛然不睡，怎么也不睡。

爸爸就威胁道，湛然，你要是再不睡，爸爸就走了。

湛然说，走吧，走吧。

我说，那我可要走很长时间啊。

湛然说，行啊。

我急了，说，那我明天才回来。

湛然说，不行，不行，你明天别回来，永远别回来了。

长大了和谁结婚

　　湛然的朋友珠珠从幼儿园回来，严肃地告诉妈妈，我要和某某某结婚了。

　　妈妈说，啊，某某某不是个女生吗？为什么要和她结婚啊？

　　珠珠说，因为我喜欢她。

　　妈妈说，那也不能和某某某结婚啊。

　　珠珠说，那我就和某某结婚。

　　妈妈说，那某某也是女生啊。珠珠，妈妈告诉你，男生只能和女生结婚，女生只能和男生结婚。

　　珠珠说，那女生不能和女生结婚吗？

　　妈妈说，不能。

　　珠珠说，那筷子能和筷子结婚吗？

　　妈妈说，那倒是能，要不然筷子干吗天天一双一双的啊。

姐姐和妹妹

　　我带湛然荡秋千。湛然忽然想起了在读私塾的姐姐，问，爸爸，姐姐什么时候才能回来啊？

　　我说，姐姐要到月底才能回来。姐姐一个月接一次。

　　湛然说，哦。

　　我说，你是想姐姐了吗？

　　湛然说，没有，我不想姐姐。

　　我说，你要是想姐姐可以去看望姐姐。

　　湛然说，怎么去啊，多远啊。

　　我说，你还可以去看奶奶。

　　湛然说，奶奶更远了，在安徽啊。

　　我说，你可以让你的心飞去。你闭上眼睛，然后就可以让你的心飞过去。

　　湛然闭上眼睛，忽然想起来，说，我不想让我的心飞去看姐姐。

　　爸爸说，为什么呀？

　　湛然说，因为我不喜欢姐姐。爸爸，你能让妈妈再给我生个姐姐吗？

　　爸爸说，不能。不过就是再生一个，那也不叫姐姐啊，那是妹妹啊。

　　湛然说，那她长大了不就是姐姐了吗？我可以喂她奶粉，让她长大。

　　爸爸说，她长大了，你也长大了，她还是妹妹。再说，你不是有珠珠妹妹吗？珠珠多好啊。

　　湛然说，我还是要个弟弟吧。男人跟男人玩，女人跟女人玩。我要个弟弟，喂他奶粉，让他长大，陪他玩。

　　爸爸说，拉倒吧，别胡思乱想了，你以为买玩具呢？

吃东西

湛然睡觉前使劲磨蹭，就是不想睡，要多玩会儿。

要拉屎，只好起来让他拉。

拉着拉着要吃东西，就是一边吃一边拉。

给了他一个烧饼，他一边啃着一边拉。

我告诉他，湛然，你怎么可以一边吃东西，一边拉屎呢？

湛然心安理得地说，是啊，我就是一边吃东西，一边拉屎啊。

我说，那还吃它干什么呀，反正都是变成屎，把烧饼直接扔马桶里不就得了？

湛然说，不对，那是到了肚子里再变成屎的。

我说，那倒也是。

湛然说，吃到嘴里是不会变成屎的。你明白吗？

我说，我明白，确实是这样。

湛然强调说，吃到嘴里就变成屎，那不就成吃屎了吗？

每天进步一点点

小孩子好像都不愿意学习，都愿意玩。

湛然跟我在一起，玩啊玩的就忘了写字和读书。屡教不改。

总得有个办法吧？我想啊想，实验了一个方法，还是比较灵验的，叫每天进步一点法。就是他写字的时候，先写一些，然后鼓励他明天一定要比今天的要多一点，这就叫进步一点。

睡觉前，想一想今天一天读了哪些书，写了哪些字。明天好比今天进步一点，就一点点就行。这个进步可以是多写几个字，可以是多读一段书，可以是写字的时候比今天坐得要端正，也可以是读书的时候腿不像今天这样乱晃。

这个方法很灵验，每天都可以找到一点进步。不过，实验了几天，这些进步积累起来，简直就太厉害了。

湛然发现上了个圈套，自己根本就吃不消这么大的进步，就退步了。字也写得少了，书也读得少了。不过，总体来看，还是比以前进步了。

有进步也有退步，在进退中进步。

我有意见

带湛然去加油站加油，湛然总是好奇地东张西望。

加油站为了提高服务质量，在醒目的地方挂着意见箱。

湛然说，那有一个意见箱。

加油站的工作人员说，是啊，小朋友，你有什么事吗？

湛然说，我有意见。

加油站的工作人员惊愕地说，啊，小朋友，你有什么意见啊？

湛然说，阿姨，什么是意见？

奶奶的理论

湛然爱吃糖，像所有的孩子那样酷爱吃糖，没完没了地吃，一盒口香糖只要不看住了，一会儿就吃光了，很让大家头疼。于是，大家要用各种方法制止他的这种嗜好。

最好的理由就是告诉孩子，宝贝，糖可不能吃多，吃多了会长虫牙，虫子会吃了你的牙齿，让你疼得受不了。

奶奶对这个理由不以为然。

奶奶说，谁说糖吃多了会长虫牙？我小时候饭都吃不饱，哪有糖吃，一块糖都没吃过，可是现在满嘴的虫牙。孩子不就吃口糖吗？你看你们说得这么严重，又是虫牙又是牙虫的，吓唬孩子。

041

礼物

　　湛然的朋友珠珠的妈妈回家总要给珠珠带礼物，养成习惯了，不带好像就亏欠孩子什么一样。

　　晚上，湛然的爸爸，就是老刘我，送珠珠的妈妈回家。

　　珠珠的妈妈想起来没有带礼物，于是就在车上到处找。

　　按说总是会有些小饰物或者别的什么的，可是翻遍了车里及后备箱，确实没有什么适合当礼物的东西。有些大人看的书当礼物实在有点牵强，总不能让珠珠的妈妈滚着车的备胎回家跟珠珠说，这是妈妈给你带回来的礼物吧？

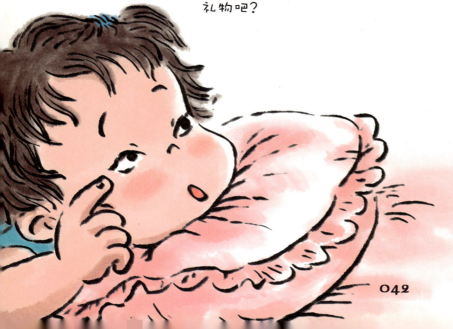

　　车前放着一个娃娃造型的手机座。就用它吧，于是拽下来。

　　珠珠妈妈拿回家，给珠珠当礼物去了。

　　珠珠妈妈故作神秘地向珠珠展示了这个礼物。

　　珠珠看了看，认出了这是我车上的手机座。

　　珠珠说，妈妈，啊，你把老刘的车给拆了呀？

湛然让梨

　　晚上睡觉前给湛然讲故事，故事里少不了《孔融让梨》的经典故事。图画书里画着三个梨，两个大的，一个小的。

　　讲完了《孔融让梨》的故事，问湛然，孔融为什么把大梨给了哥哥？

　　湛然回答，是因为哥哥比孔融大，他要尊敬哥哥，所以要把大梨给哥哥。

　　我问，那为什么孔融把大梨给弟弟呢？

　　湛然回答，因为弟弟小，要爱护弟弟。

　　我趁热打铁，那如果你有图画里的三个梨，你和姐姐、珠珠妹妹怎么分啊？

　　湛然回答，最小的那个给我，大的那个给姐姐，是因为姐姐比我大，应该尊敬她，还有一个大的给珠珠妹妹，因为珠珠比我小，应该爱护她。

　　我说，你真棒，真是个好孩子。

　　湛然想了想又说，不对，大梨给我，因为我比姐姐小，姐姐应该爱护我，小梨给珠珠妹妹，是因为珠珠比我小，她应该尊敬我。

　　我说，错了，错了，你全错了。

匪夷所思的比喻

姐姐也去山里和湛然一起读书。

湛然很高兴，但姐姐却不爽，于是老师劝姐姐，要好好读书，劝得很累。湛然在一边着急，因为姐姐心情不好，也影响了湛然读书。

有一天，老师在劝姐姐，湛然插话。

湛然说，姐姐，你要好好读书，如果不好好读书，就辜负大家了，就好比一只猴子。

老师说，跟猴子有什么关系呢？

湛然说，比如说，有一只猴子，非常爱吃香蕉，大家就去给它找来香蕉，找得很辛苦，给猴子了，可是猴子又不吃了，你说可惜不可惜？

老师说，可惜。

湛然说，对啊，姐姐就好比是猴子，读书就是香蕉，大家辛苦给姐姐找来读书的机会，姐姐却不珍惜，所以，就好比是不吃香蕉的猴子。

老师说，哦，原来是这么回事。

湛然说，姐姐，你应该好好读书，就好比麻将。

老师说，怎么又跟麻将有关系啊？

湛然说，对啊，就好比麻将牌，排成一排，读书也是这样。我们好好读书，就是一个个站着的麻将牌，老师是第一个，老师推我们，我们推下一个，下一个再推下一个，就推动了全天下的孩子都读书，就帮助了全天下的孩子。

老师说，有道理。

画个好看的给你看

我在湛然就读的书院里教美术课。每周三下午给一群三到六岁的孩子，在各种材料上画东西。墙上，地上，纸上，石头上，砖头上，气球上，所有能想到的地方都尝试着画。绘画材料也想尽办法。

技术不重要，重要的是思想和想象力，勇气和信心。孩子们想画什么就画什么，我从不要求技法。

湛然告诉他的同窗，说要画一个好看的。

大家说，什么好看的呀？

湛然说，画一个美女。大家就等着他画。

湛然认真地一笔一笔地画。

画完了，大家刚要说话，湛然说，我刚才说错了，我给大家画的不是美女，是妖精。

老刘，你应该带好孩子

湛然爱上了小区里新装的秋千，几乎每天都要去荡秋千，可是，刚开始不知道秋千也是会摔着人的，只知道荡得越高，越刺激、越好玩，结果就掉了下来。

好在衣服穿的多，我也接着了，没有真正摔着，但还是把孩子吓得够呛。一个星期不敢上秋千，两个星期才敢上去，但不敢荡高，稍微高一点，就吓坏了，使劲叫停。

周末，珠珠和湛然一起荡秋千，提到了秋千摔人的事情。

珠珠问我到底是怎么回事。我一一向她说清楚。

珠珠认真听取了我的关于湛然从秋千上掉下来摔着的汇报后，沉思了一下，认真地表态说，老刘，你是大人，你应该带好湛然，不能让他摔着。

我说，是的，是的，以后一定注意。

你的心可以飞回去啊

湛然从小由奶奶带大，可是湛然在北京，而奶奶回了安徽。

湛然经常会想念奶奶，就会念叨为什么不可以立刻坐火车或者坐飞机或者开车回安徽看奶奶去呢？

我告诉湛然，如果你想念一个人，不见得就要立刻去，而可以让你的心飞回去，去看望奶奶，陪伴奶奶。

湛然说，人的心难道可以飞吗？

我说，是啊。

湛然说，是像小鸟那样长了翅膀飞吗？

我说，是啊。你闭上眼睛，安静下来，想你想念的那个人，心就可以飞了。

湛然就闭上眼睛，说，爸爸，
我的心已经飞了。

从幼儿园回来，湛然像往常那样要求我带他去小区里的儿童游乐设施里玩一会儿。这一玩就得到天黑，得花点工夫才能说服湛然回家。

湛然坐在秋千里，听我跟他讲了一些天黑必须回家的道理之后，说，爸爸，你是不是想回家了？

我说，是啊。

湛然说，那你可以让你的心先飞回去啊。

这可是你自己的选择

湛然从小就怕剃头。

这事怪我，本来小时候有一次说服了他，让他相信剃头不疼，可是偏偏那一次剃头推子不太好使，夹了他的头发，疼了，从此就记住了。

每次都要挨到他的头发长得没法看了，跟个刺猬一样，才动手。一动手就大哭一场。

快五岁了，依然如此。

冬天就由他了，可是天热了，就得想办法，晓之以理，动之以情，跟他讲道理。都不行，一怒之下，就采取强制措施。

他也没有真的挣扎，装装样子，哭得一把鼻涕一把眼泪。

好歹算是剃完了，可是洗干净一看，还有好几处没处理干净，于是再跟他商量，用电动剃须刀剃干净。但是，被他断然拒绝。

第二天，我又提起这事，表示一定不会疼，电动剃须刀绝对不会疼，如果疼的话，我怎么会用它刮胡子呢？

我还附加了两个条件，一个是带他去玩秋千，一个是从幼儿园回家的路上一路扛着回家。

湛然同意了。

从幼儿园回家的路上，我说荡完秋千就回家，因为我要拉屎，涨坏了，憋不住了。湛然一听，跟我提了两个条件。

他说，回家以后，要么用刮胡刀剃头，要么拉屎，你选择吧，记住，只能选择一个。

我说，不行，必须选择两个。

湛然说，不行，我说过，只能选择一个。

我说，那我还是选择拉屎吧。

回到家，我迫不及待地进了厕所。

湛然给我从楼下取回早上忘记取的报纸，递给我说，这可是你自己的选择哦。

爸爸你应该买个房车

懒惰是人类的天性。人都是想着怎么舒服，越想越离谱，越想越不对劲。不光是大人，小孩子也是这样。

我有个车，可是老想着换新车，总是看新车，盘算着什么时候换，无非就是为了更舒服一点，还有虚荣心在作怪。其实，原来的那个车很好，没毛病，性能、舒适性等各方面都没有问题，只是旧了一点。

大人的想法会影响孩子。我算计着换什么车的时候，湛然提了一个建议，说，爸爸，你应该换个房车。

我说，为什么呀？

湛然说，有了房车，冬天的时候，我就可以睡着觉，不用起床，你就可以把我送到书院读书去。

咒语

小区里有个小超市，小超市和楼的大厅用一个门。这是个感应的自动门，人走到跟前自己就开了。

湛然为了多吃零食，经常拽着我去那个小超市。

为了不让他多吃糖，不养成乱花钱的毛病，我对进那个门充满戒备。

湛然又要进门，我说进去可以，但只可以在大厅里玩，不可以去超市买东西。

湛然说，好的，爸爸。

于是我说，你保证。

湛然说，我保证。

自动门反应有点迟钝，站在门口好一会儿也没开。

我说，湛然，你看，这门担心你的决心不坚定，所以不开门。

湛然坚定地说，我不买东西。

门开了。

过了好些日子，湛然去买东西，走到自动门前，跟大家一起等着感应门开门。

湛然对着门坚定地说，我不买东西。

门开了。湛然大步走进去，买东西。

众人愕然。

各司其职

五一长假，大家一起去小区旁边的一块空地探险。

在垃圾堆里拣到一个破足球，猛踢了一会儿，大家都累坏了。

该回家了，要把东西带回去。有喝剩的饮料，有衣服，有足球。

每个人都必须为探险做点贡献，谁都不可以空手回去，要拿一样东西。

湛然说，我拿足球吧。

大家夸奖湛然真听话，真是一个好孩子。

于是，有人拿衣服，有人拿饮料……

湛然主动抱了几样东西，
说，好了，我们回家吧。爸爸，但是你得抱着我回家。

弱肉强食

　　湛然的朋友珠珠去参加一个二十岁的女孩子的生日聚会，席间发现了一个她很喜欢的玩具——一个听得懂人说话的玩具。她觉得无比神奇，立刻被这个玩具吸引住了，接着就想据为己有。

　　其实那就是一个有着声控装置的玩具，只是对一个孩子来说显得不寻常。

　　玩具的主人，就是过生日的女孩子，倒是不在乎这个玩具的声控装置，但是，这个玩具对她来说显然有特殊的意义，于是告诉珠珠，这个玩具阿姨不能给你，因为这个玩具是一个很重要的朋友送的。阿姨可以给你别的玩具，比这个好，比这个更有意思。

　　珠珠断然拒绝。

　　阿姨很为难，于是就想过一会儿孩子可能会忘记这件事情。

　　果然珠珠玩了一会儿，把玩具放在了一边，阿姨就将玩具悄悄收了起来。

　　珠珠很快发现，一丝一毫也没犹豫，立刻仰面倒下，号啕大哭，要求立刻就见到那个玩具。

阿姨无奈，只好含着眼泪将玩具给了珠珠，说，算你狠。

珠珠把玩具拿到手，立刻站起来，说，你早就应该给我。

事先事后

　　带湛然坐火车，把他新鲜坏了，觉得哪都有意思，不光用手摸，用脚踹，竟然还想用舌头舔。

　　湛然问我，爸爸，火车的玻璃可以舔吗？

　　我说，当然不能舔，多脏啊，玻璃上有灰尘和细菌，舔到嘴里会生病的，肚子会疼的。

　　湛然说，哦，我知道了。可是，我已经舔过了呀，没有肚子疼呀？

明星和普通人的区别

因为写剧本的原因，湛然和我一起在宾馆见到了一个经常出现在电视上的影视明星。湛然兴奋坏了，围着明星转了一圈又一圈，还喊人家的名字，嚷嚷着要和他玩。

原来明星对小孩子也有这么大的吸引力啊。

一起谈剧本的导演跟湛然开玩笑说，孩子啊，跟谁玩也不能跟他玩啊，他可没有时间陪你玩，人家是有身价的，这得多贵啊，你爸爸可出不起这钱。

事后，湛然偶然在电视里看到了这个明星演出的角色，惊叫道，爸爸啊，快来看啊，那天我们在宾馆里看到的那个叔叔竟然上电视了！天啊，他怎么能上电视呢？真奇怪。

你的来路

我出了几天门，回来后，湛然睡着了。

早上起来，湛然睁开眼睛，看到了我，很高兴。

我问，湛然啊，看见爸爸高兴吗？

湛然说，高兴啊。

我说，你猜，爸爸去哪里了？

湛然说，我当然知道啊。

我说，那你说我是从哪里回来的呢？

湛然说，你还是自己说吧。

我说，我是自己开车从天津回来的。

湛然说，不对，你是我变出来的。

给你也发明个机器

小孩子爱看日本动画片《哆啦A梦》，哆啦A梦随时会变出一个机器来解决生活中的问题的情节影响了整整一代人甚至更多。

湛然晚上到了睡觉的时间不想睡觉，还想玩他的游戏。我只好承诺给他讲一个关于哆啦A梦的故事，才算是勉强能让他躺在床上。

我讲的故事里发明了一个机器——睡觉机，假装放在人的耳朵上，人就可以睡着了。这个小故事连模拟的小游戏虽然没能让湛然睡着，但是却让湛然学着尝试如何哄爸爸睡着。

湛然又是拍又是哄，没能让我睡着，因为他自己没睡着，我怎么可能睡着呢？我的如意算盘是他一边游戏，一边哄我，一边他就自己睡着了。

哄了我好一会儿，湛然终于失去耐心，像动画片里的哆啦A梦一样装模作样地掏出一个东西，往我的屁股上一按，然后说，哄人机。说完，他就跑了，去客厅玩去了。

我问，喂，你怎么不哄我睡觉了？

湛然说，我已经往你的屁股上装了一个哄人机，它会自动工作，哄你睡觉，你一个人乖乖地睡吧。

我和你结婚吧

湛然和一个七岁的小姑娘在一起玩。

大概是玩得比较投机吧，湛然说，我和你结婚吧。

小姑娘说，不行，我要和我们班的小山结婚的。

湛然说，不行，我就要和你结婚。

小姑娘说，那怎么行？

湛然说，就行。

小姑娘说，那我得躲着你点。

湛然说，那我就到处找你，找到你，跟你结婚。

小姑娘说，等你找到我，我已经结过婚了。

你应该给别人选择的机会

湛然要求周日带他出去爬山，可是太阳太毒，担心太热，会晒坏人，就告诉他，可不可以今天别去了，在家里待着多凉快啊。

湛然就哭了，坚决表示非要去。

我说，宝贝，本来天气就热，太阳那么毒，一定要玩的话，玩点别的吧。

湛然说，说好的事情就不能变，应该说话算话。

我说，那我们可不可以有别的选择啊？

妈妈说，是啊，你应该给别人多一点选择的机会。

湛然说，好吧。

妈妈说，真是好孩子。

湛然说，老爸，我给你两个选择，一个是吃狗屎，一个是爬山，你选哪一个？

我说，我选爬山。行，你够狠。

于是，大家就去爬山了。

计划生育

　　大概小孩子都愿意独自享受父母对自己的爱，不愿意与兄弟姐妹分享。

　　湛然的姐姐比湛然大五岁，对湛然分享了自己的爱耿耿于怀，总是排剔湛然损坏了自己的玩具，或者破坏了自己的游戏，等等。

　　湛然也对姐姐有很大意见，认为姐姐总是欺负自己。

　　有一天姐姐问，为什么要生弟弟湛然，为什么不计划生育？

　　我回答了姐姐的问题：因为信仰，不能堕胎，所以就有了弟弟。

　　弟弟湛然有一天也提到了这样的问题。

　　湛然问：爸爸、妈妈，你们为什么不把姐姐给计划掉？为什么要留着她，让她总是欺负我？

那就这么办行吗？

　　湛然出生时，爷爷奶奶带得多，所以和爷爷奶奶感情很深，睡觉也得和爷爷奶奶睡。后来我带得多，就跟我睡。我忙了，妈妈带得多，就和妈妈睡。和谁睡多了，习惯了，一时就离不开。因为工作，我离开了湛然一段时间，湛然和妈妈睡。我回家了，湛然一口应允和我睡。

　　到了晚上，一起上了床，和以前一样讲故事，可是，灯一关，湛然就要求和妈妈睡，怎么劝怎么哄都不行，要下床去另一个屋找妈妈。

　　我说，湛然，那你不爱爸爸了啊？

　　湛然说，我爱你啊，谁说我不爱你了呀？

　　我说，你爱我，那干吗不跟我睡啊？

　　湛然想了想，说，我爱你，也爱妈妈。

　　我说，你说得对，可是，我还是想和你一起睡。

　　湛然又想了想，说，那这样吧，我先过去和妈妈睡，等我睡着了，你再把我抱到你身边，不就行了吗？

buang！
Duang！
Duang！
Duang！

姐姐是怎么打你的

家里来客人了，湛然和姐姐在屋里玩。

片刻，湛然大哭着从屋里出来，悲痛地哭诉：姐姐打我……

客人赶紧问，哎呀，姐姐太不应该了，姐姐怎么打你的啊？

湛然为了表达清楚姐姐是如何不讲理而殴打了自己，于是举起拳头对着自己的脑袋狠狠地又打了两下，说，看见了没有？姐姐就是这样打的我！

可能是更疼了，湛然哭得更厉害了。

喜欢你，想跟你玩呗

寒假，湛然从读书的书院回来。

书院里有很多规矩，湛然回家以后，立刻没有了那么多规矩，玩得超级高兴，高兴到所有在书院养成的生活规律都没有了。

晚上，好不容易把湛然哄睡下。后半夜，湛然忽然爬起来，对着我的胳膊就咬了一口，然后若无其事地睡下。

他睡得很香。我虽然很疼，很想把他叫起来质问他，为什么咬我？！但还是没有忍心叫他。

咔哧！

第二天，问他，你知道你昨天晚上干什么
了吗？

湛然说，咬你了呀。

我问，你为什么要咬我？

湛然说：因为喜欢你，想跟你玩呗。

轮滑的后果

湛然的姐姐轮滑滑得很好。初学时，让她穿上轮滑鞋，就不管了，穿戴好防护装备，多摔几次，再练练就会了。

想让湛然也学会，第一次摔了一跤，湛然再也不玩了。怎么说都不玩了，即便是和姐姐一起去广场玩，看着姐姐以及很多小朋友在广场上风一样地玩，他也不玩。

我想让他勇敢一点，反复地劝他，要不再试试，试试吧，好孩子，不试永远也不会。

湛然说，你不怕我摔倒吗？

我说，摔倒了可以爬起来呀。

湛然说，可是有可能摔到脑袋啊。

我说，一般不会。

湛然说，摔到脑袋就会把脑袋摔个大口子，摔个大口子，就会流血，流血流多了就会死人，我要是死了，你就没有儿子了，你想没有儿子吗？

我说……

湛然说，所以啊，你还是让我玩电动汽车吧，这个安全。

接电话

湛然周末回家就看电视，和姐姐还有妈妈在一起。

我忙，没有时间和孩子过这个周末，想孩子了，就给孩子打电话。

姐姐接的电话，我们谈了很多事情，然后问道，湛然怎么样了？

姐姐说，他在看动画片。

我说，让他接个电话。

姐姐叫弟弟，然后无奈地说，爸，你知道他，看动画片就不想被人打扰。

我说，那好吧。

我听见电话里，姐姐很生气，厉声叫弟弟：刘湛然，你过来，接爸爸的电话，不然有你好看！

然后我听见湛然不情愿地接过电话，说，再见。

然后电话就挂了。

你的嘴巴

湛然在私塾读书，一周接一次。

见到他，他总是高兴得不得了，一高兴就收不住，拿起一个玩具木鱼就砸在了我的嘴上。

我疼得捂住嘴，感觉破了，说，刘湛然，你砸破了我的嘴。

湛然吓坏了，说，没有吧，这么容易就砸破了？

我把嘴张开，给他看。

他看见了，确实是破了。

湛然说，是破了。

我说，怎么办吧。

湛然说，不是我砸的吧。

我说，就是你砸的啊。

湛然说，会不会是你生下来就是破的呢？

姐姐的命运

湛然和姐姐在一起读书。

因为湛然比姐姐小五岁，所以私塾的要求就稍微宽松一些。比如，都是寄宿，为了姐姐能更安心读书，私塾决定两周接一次，而湛然那么大的孩子，一周接一次。

消息公布后，湛然感慨地告诉我，哎呀，爸爸，姐姐真的是太惨了。

我们怎么能一样？

姐姐总是欺负湛然，湛然很委屈。

为了解决这个问题，我要经常跟姐姐讲她和湛然的关系。

首先，你们是亲人。

姐姐回答，我的亲人很多，不在乎多他一个。

然后，我讲要爱护弟弟。

姐姐辩解，不光是弟弟，都得爱护，这不是理由。

我决定采取别的办法。

早上起来，弟弟没醒，姐姐已经起了，我跟姐姐说，你看，弟弟睡觉的样子和你小时候一模一样。

姐姐说，乱说，我比他好看多了，他怎么可能和我一样？

我说，真的。我发誓。

姐姐无言。

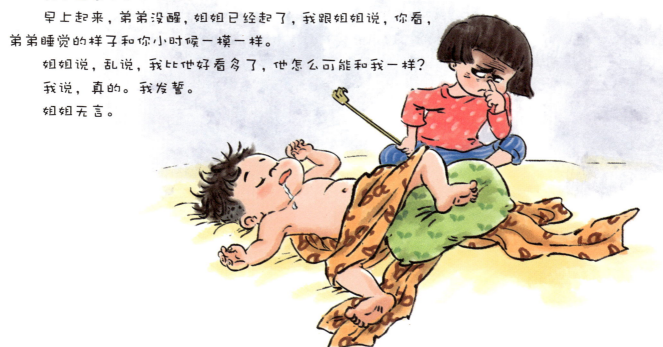

我趁热打铁，你们是亲姐弟，是一样的，所以你要爱护弟弟。

湛然醒了，说，爸，你是不是酒喝多了？

我说，怎么会，大清早的，怎么会酒喝多了。

湛然说，我看你是酒喝多了，说酒话吧，我怎么会和姐姐一样？我是男的，她是女的，怎么可能一样嘛！

倒计时

湛然偶尔会有莫名其妙的情绪，说好了剃头，高兴地去了理发店，结果非要去另一个很远的地方理，死活也是不行，哭得泪水滂沱。我得想尽一切办法，恩威并施，才让他哭着剃完头。

答应给他买个叫"长江七号"的外星狗。到了卖东西的地方，湛然的气还没消，坚决不要。但我知道他很快会后悔——楼下摆摊卖娃娃的天黑就要收摊，转天我们要回北京，不见得再有机会买到。

我说，真的不买了，你不后悔？

湛然说，真的不买了，不后悔。

我说，我再问一遍，真的不买了？

湛然坚决地说，不买了。

我抱着湛然往回走。湛然大义凛然，死扛着。

我说，我数十下，到了十下，就真的不买了。我就数，拉长了数，数到十了，湛然依然扛着。

我生气了，动真的了，抱着他就往楼洞里走。

到了楼洞门口，湛然说，爸爸，我后悔了。我要买那个外星狗。

我说，我已经数到十了，说话要算话。

湛然说，其实，你数到七的时候，我就后悔了。

我说，那我没有听见啊。

湛然说，我是在心里后悔的。

我说，心里后悔的不能算。

湛然说，必须得算。因为我后悔了，心里后悔也是后悔。

我想了想说，那好吧。

湛然说，其实，你数一的时候，我心里就开始后悔了，到七的时候就完全后悔了。

大灰狼把你叼走了怎么办

这周末，从书院接回湛然。

湛然趴在我的耳朵上说，爸爸，我告诉你一个好消息。

我说，什么好消息。

湛然说，我现在习惯一个人睡觉了。

我说，是吗？那太好了，你是男子汉，长大了！

晚上，我想搂着湛然睡觉，被湛然断然拒绝。于是，我找借口，说，湛然，你看，天这么黑，要是有大灰狼来了，把你叼走了怎么办？我还是搂着你睡吧，这样安全。

湛然不耐烦地说，别烦我，我要自己睡，我又不怕大灰狼。

我说，那我怕大灰狼，那你搂着我吧，要是大灰狼把我叼走了，怎么办啊？

湛然说，是吗？那太好了！

那个不能说的东西是什么

放学了，湛然悄悄跟我说，爸爸，你能答应我一件事情吗？

我说，什么事情啊？

湛然说，帮我买一个东西。

我说，什么东西啊？

湛然说，你先答应我。

我说，你得先告诉我是什么东西啊？

湛然说，不能，我不能告诉你是什么东西。

我说，那我怎么答应你啊？

湛然说，我要是告诉你是什么东西，你就不给我买了。

姐姐总是欺负弟弟

姐姐十一岁，湛然五岁半。

姐姐总是欺负弟弟，不光在体力上欺负弟弟，而且在知识面、意识形态乃至精神层面欺负自己的弟弟刘湛然。

晚上，弟弟和姐姐谈了一些事情，然后默默地躺在床上，叹息、哀怨地说，爸爸，我刚才问姐姐了，男人和女人有什么区别。

我说，有什么区别？

湛然伤心地说，姐姐长大了，会生孩子，而我却不能。姐姐说，我只能生一坨屎。

要挟的条件

湛然跟姐姐玩。

姐姐收拾起弟弟湛然来，手没轻没重的，让我很担心。所以我经常会跟姐姐说，你要是好好对弟弟，不打弟弟，我就能给你买你想要的漫画书。这成了一个重要的条件。

周末，湛然要我带他去很远的地方玩，我没答应。

湛然愤怒地说，老爸，你要是不带我出去玩，我就让姐姐打我！

可不可以没有妈妈

湛然问我，爸爸，小孩子可不可以没有妈妈，要是光有爸爸没有妈妈该有多好。

我问，为什么呀？

湛然说，妈妈多烦啊！她总是说，湛然，别吃糖了，别吃糖了，你又吃了这么多的糖。

反抗

这个周末，玩着玩着，湛然对姐姐说，姐姐，你真好，我喜欢你，我长大了就娶你当老婆。

姐姐勃然大怒：滚蛋，你太恶心了，谁会让你娶啊，你有多远滚多远。

湛然说，那我就娶妈妈当老婆。

妈妈说，孩子，你不能娶妈妈当老婆，妈妈只能当妈妈。

姐姐说，滚蛋，不要让我再看到你。你简直太恶心人了，快滚！

湛然乐呵呵地跟什么事也没有一样走开了。

又一个周末，湛然对妈妈说，妈妈，姐姐太讨厌了，我真的很讨厌她，她总是欺负我，捉弄我。她就像一泡屎一样讨厌。

妈妈说，你上周不是说姐姐真好，说喜欢姐姐，说长大了娶姐姐当老婆吗？

湛然说，我那样说，是为了恶心她。我知道她恶心我，所以我才这样说。

剃头

　　带湛然去剃头，上上次剃头是剃了个阿福头，就是脑袋中间囟门处留一撮，四周都剃掉。小男孩，很可爱的样子。

　　上一次剃头，湛然坚决不剃这样的头。问他为什么。

　　湛然说，小朋友们都笑话我，所以不能剃这样的。

　　这一次，我试着问，湛然，咱们还是剃个阿福头吧？

　　湛然问，什么样的？

　　我说，就是中间留一块，四周的都剃掉。

　　湛然问，为什么要中间留一块，四周都剃掉？

　　我说，因为小孩子剃这样的头，显得很可爱。小孩子就应该剃这样的头。

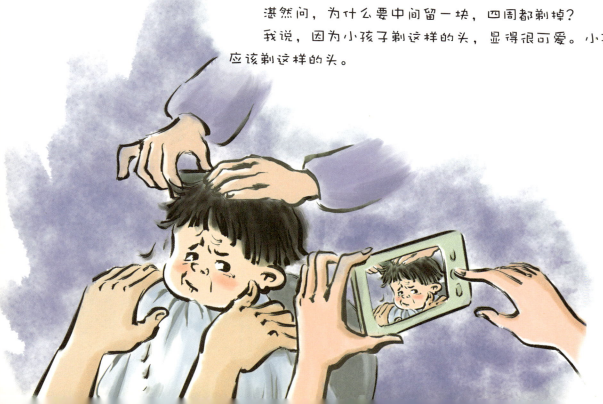

湛然想了想说，哦，我明白了，大人就应该把中间剃掉，四周都留着，显得很可爱，对吧？

不靠谱的童谣

周末见到湛然，很高兴，陪着他玩了很多游戏，包括跟他学各种各样的动作。

他像个表演艺术家那样学着他能想象到的所有活动物体的形体动作。我也得跟着他做，比如猴子、鱼、坦克、小猫、武术家、军人、炮弹，等等。

都玩过了之后，他表示不玩了。

上床了，我刚想躺下，湛然忽然很认真地说，爸爸，还有个游戏，没有玩，我新学的。

我说，好啊。

湛然伸出手，说，先握握手。

我说好的，然后伸出手，我握住湛然的手。

湛然认真地摇晃着我的手唱道：握握手，好朋友，我是主人，你是狗。

我愣了半天才想起来生气，心里直冒火。

家庭作业没做呢

送湛然去书院读书。

车开半道，湛然忽然要求返回，我问，为什么呀？

湛然说，完了，完了，我的家庭作业没做。

我说，什么家庭作业啊。

湛然说，给爸爸妈妈洗脚。

我说，哦，这个啊，算了。不用了。

湛然说，那怎么行。

我说，来不及了。算了吧。

湛然说，那我可死定了，怎么可以不做家庭作业呢？

我说，不用了，真的。

湛然哭了，着急的哭，哭得很伤心。

我只好停下车，安慰湛然，没关系的，爸爸不在乎。

湛然说，不行，回家给你洗完脚，再去书院读书。

我想了想，跑到后座上把鞋和袜子脱了，给湛然几张卫生纸，让他给我擦脚。

　　湛然认真小心地擦了又擦，这才满意地继续向书院进发。

周末回来，湛然可是不敢忘掉书院布置的家庭作业，早早地就打好水，给我们洗脚，洗完了，把水倒掉。超级认真，超级温暖。

湛然创作的谜语

刘湛然这几天喜欢谜语，经常把在书院听说的一些谜语讲给别人听。

可能是谜语的信息有限，于是他自己创作了一些，其中有不少，问倒了我。

例一，湛然问我，有一只飞机，上面沾满了毛，在天上飞。请猜，这是什么？

我想了想，没想出来。

湛然告诉了我谜底，是鸟。

你竟然没有带我去

湛然忽然问妈妈，你和爸爸什么时候结的婚？

妈妈说，你问这个干吗？

湛然看着妈妈，撇撇嘴，掉下眼泪，哭了。

妈妈问，你怎么了？

湛然伤心地说，你们，你们竟然没有带我去！

　　妈妈跟湛然进行了耐心细致的解释。

　　湛然明白了，开心了，问，那你们能再结一次婚吗？

简直太悲伤了

晚上睡觉前，湛然要给我们讲故事，讲了一些搞笑的故事。

故事不搞笑，但是他太搞笑了。

我不想再听他的搞笑的故事。我说，能不能给我们讲一个悲剧，就是一个悲伤的故事。

湛然说，要多悲伤啊？

我说，要非常非常悲伤。

妈妈说，对，得让我哭才行。

湛然说，好的。从前，有一个妈妈，生了一个孩子，结果给丢了，妈妈可悲伤了，于是又生了一个，结果又丢了，于是又生了一个，结果又丢了。共生了六个，全都丢了，而且都找不到了。你们说，悲伤不悲伤？

我们说，悲伤，简直太悲伤了，那然后呢？

湛然说，然后啊，妈妈说，我实在不能再生了，再生就要累死了，还是让爸爸帮着生一个吧。可是爸爸哭了。爸爸说，我可不会生孩子啊。你们说，悲伤不悲伤？

我们说，悲伤，简直太悲伤了，然后呢？

湛然说，然后啊，妈妈说，那我来再生一个吧，于是妈妈又努力生了一个。他们终于又有了一个孩子。

我说，那太好了。

湛然说，悲伤的还在后面呢。

我说，啊，难道又丢了？

湛然说，这次没丢。

妈妈说，那太好了。

湛然说，可是这一次啊，孩子让强盗抓走，杀掉了。你们说，悲伤不悲伤？

我们说，太悲伤了，简直太悲伤了。

你是我的镜子

　　湛然把我的裤子套在自己的身上，又把我的外套套在他的身上，整个人像是装在了一个大布袋子里。

　　我问他，喂，你这是要干什么呀？

　　湛然严肃地告诉我，老爸，我现在就是你了。

　　我说，那我是谁啊？湛然说，你是刘湛然。

　　我说，哦，你变成我了，我变成你了。

　　湛然说，没错。

　　我说，那你想做什么呢？

　　湛然指着我命令道：刘湛然，你的作业做了没有？刘湛然，你不要淘气；湛然，你又吃糖了；刘湛然，你不要和姐姐抢电视；刘湛然……

他到底几岁啊

湛然五岁半了，新学了加减法，学得还不错，运算起来得心应手。

大家也愿意时不时地出点小题目考考他，比如，给你十个巧克力，拿走五个，还有几个。或者，三个人要是平分九个苹果，怎么分。

他都能答的出来。

妈妈告诉他，有个亲戚生了个孩子，已经一个月了，问，湛然你比他大几岁啊？

湛然说，那你得先告诉我他几岁了。

妈妈说，我说过，他刚刚一个月。

湛然说，我是问你，他几岁了。

妈妈说，我不是说过了吗，他刚一个月。

湛然说，妈妈，你必须得告诉我他几岁，否则我怎么减啊。

妈妈说，他刚一个月，没有几岁。他刚一个月，一个月，你明白吗？

湛然说，妈妈，你说了半天，还是没有说清楚，他到底几岁啊？

要坚决抵制住诱惑

超市和商店里总是有非常非常多的诱惑，食品、玩具、童话书，等等。要是都满足的话，多少钱都是不够的。小孩子的世界就是这样。

其实，成人的世界也是这样。财色名利、吃喝玩乐对谁都是诱惑。人的一生，就是抵制诱惑的一生。

湛然去超市，想买东西。我告诉他，这个其实咱们不需要，要抵制住诱惑。

湛然说，好的。

又看到有东西，湛然想要。

我说，这个家里有类似的，要抵制住诱惑。

湛然屏住呼吸，说，我抵制住诱惑了。

湛然看到家里没有的东西，问，这个可以买吗？

我说，家里没有，但是，这个要花很多钱，很浪费。其实，我们不买这个一样可以生活得很好。这个东西只是在诱惑你，你一定要抵制住诱惑。

湛然想了想，说，好的，爸爸，我抵制住了诱惑。

长期这样，效果不错。

暑假，湛然说要吃冰棍。

妈妈说，是哪里想吃？

湛然说，我的心想吃。

妈妈说，心在哪里，给我看看。

湛然找不到心，但是他说，我的肠胃想吃，我的心、肝、脾，还有身体里的神经，还有穴位、骨头都想吃。

妈妈说，那就让他们来跟我说。

湛然说，我的嘴替他们说了。

妈妈说，那不算。

湛然说，我的嘴想吃，真的太想吃了。你要是不给我买，我就自己出去买。

我说，好吧。但是有个条件。

湛然说，什么条件。

我说，你对着老天说，这次我没抵制住诱惑，但是，争取下次能抵制住诱惑。

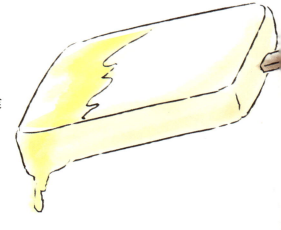

湛然站着看着天，说，老天，我这次没有抵制住诱惑，但是，但是，下一次，下一次，我还是抵制不住……

表演天分

　　湛然的记忆力很厉害，一般文章读两遍就能记得八九不离十了。我曾经教他读《心经》，二百六十个字，就两遍，他就能背下来了，很惊人。

　　书院六·一儿童节举办活动，让湛然表演相声。他不仅台词背得牢，而且还比较喜欢表演。

　　回家了，他要求我说一个动物，他来表演。于是我就想了一些比较生僻的东西，比如蚂蚁、恐龙等。他都一一模仿，还挺像那么回事。

　　我说，模仿妈妈。

　　他搂着自己，说，宝贝，我的孩子，我爱你。

　　我说，那模仿个姐姐吧。

　　他学姐姐愤怒地喊，刘湛然，不许动我的东西，快滚！

　　我说，学姐姐爱你的样子。

　　他连比带画地表演说，亲爱的弟弟，我爱你，来，亲一个……

　　我说，不会吧，我从来没有见过姐姐对你这样啊？

　　他说，这是我想象的。

　　我动了个坏心思，说，魔鬼。

　　他做了个吃人状的样子，表示是魔鬼。

　　我想难住他，又说，神仙。

　　他看出了我的心思，也没犹豫，直接就佯装手里拿了个魔法棒，装腔作势地指着我说，把老刘变成一泡屎。

　　行了，老刘已经变成了一坨屎。

批评课

湛然读的私塾里有纠正孩子缺点的课，湛然学会了，回家要给我们上批评课。他布置好地方，坐在主座上，开始上课。

他说：行礼。

于是彼此行礼。

湛然说：同学们好。

我们说：湛然老师好。

湛然说：妈妈，老师上课的时候打电话、发短信是不礼貌的行为，所以批评你。

妈妈说：好的。

湛然说：还要批评你，你为什么晚接我，以后不许晚接我。

妈妈说：好的。

湛然说：爸爸，你以前是不是和妈妈吵过架？

我说：是的。

湛然说：所以要批评你。

我说：好的，以后我改。

湛然说：还有，还得批评你。

我说：还有什么呀。

湛然说：还有，你为什么每天要大便好几次？

我说：大概是吃的多了吧。

湛然说：以后少吃点，就不会拉那么多了，所以要批评你。

我说：好的。

湛然说：下课了。给老师行礼。

我们彼此鞠躬说：老师，再见。

湛然鞠躬说：同学们，再见。

善根

小孩子的很多东西是天生的。

湛然看着电脑，忽然对我说，老爸，你想知道怎么才能让我好好读书吗？

我说，想知道啊。你告诉我，怎么才能让你好好读书。

湛然认真地说，那你得多做善事、做好事，我就能好好读书了。

我说，好的，好的，我一定多做善事。

湛然说，对，这样你就会有福报。

棒棒糖

　　生活在城市里，孩子们除了电子游戏好像就没有什么可玩的了。我带着孩子们到了北京城西郊的凤凰岭山下生活，租了个农宅，自己烧柴取暖。山上有龙泉寺，每日去寺里做功课。

　　柴要上山拣或者砍，总之要自己想办法。

　　刚开始不会烧小锅炉，很费柴，但很快就掌握了经验，只是找柴很费劲。我开车去山上找柴，湛然就要求跟着。

　　我们俩拿着斧子和锯子一起上山。

　　湛然拣些小柴，拿着斧子和锯子在山上玩。我劈柴砍树根，时不时地看他一眼，生怕他被狼叼走。其实，山上根本就没有狼，我就是一想。

下山了，我们的后备厢装了满满一箱柴。

下山后，湛然问，爸爸，我表现得这么好，你可不可以给我买个棒棒糖？

我说，当然可以啊。

湛然说，棒棒糖是因为我很棒所以就叫棒棒糖。

我说，当然啊，你很棒，所以就叫棒棒糖。

高等数学

屋里有十二个人，每个人吃半个苹果，需要买几个苹果才正好？同等智力条件下，一个七岁的上完一年级的孩子算不出来，而一个五岁半的孩子却能轻松算出来。

这是我做的实验。我的实验还包括教孩子数学时，别从一加一、二加二这样的简单方法开始，而是从上面的那个题目开始教。甚至，有两块巧克力，一人一块，发完了，屋里有几个人？孩子一定能算出来。然后再深入，有四块巧克力，一人两块，正好发完，屋里有几个人？然后难度再加大，依此类推。

当然，还是要见机施教，把学习融会到生活当中。买个东西，玩个游戏，随时可以找些这类题目问孩子，一是培养孩子的演算能力，二是培养孩子的思考习惯。最重要的是，启发孩子独立思考、触类旁通的能力。湛然就是这么学的数学。

我问他，家里有四个人，如果你给大家买苹果，一人两个，需要买几个？湛然说，八个。

我接着问：家里有四个人，如果你给大家买苹果，一人半个，需要买几个？湛然说：两个。

我再问：家里有四个人，如果你给大家买苹果，一人要吃三个，需要买几个？湛然说：十二个。

我再问：家里有四个人，你只买来一个苹果，怎么分？

湛然说：把苹果切成四份，一人一份。

我还问：家里有四个人，你买来九个苹果怎么分？

湛然说：一人两个，还有一个切成四份，再分给每人一份。

我问：家里四个人，你买了十个苹果怎么分？

湛然有点烦，说，先一人两个，吃掉，剩下的明天再分。

我问：家里有四个人，你买了十五个苹果……

湛然说，先一人一个，剩下的明天再分。

我说：家里有四个人……

湛然：喂，老刘，你有完没完啊？

好孩子

　　妈妈因小事批评姐姐了。

　　姐姐很生气，还嘴道，你为什么不批评湛然？他以前也干了和我一样的事情，你就没批评他。

　　湛然悄悄拉过妈妈，说，妈妈，你就批评一下我吧，这样姐姐心里就好受了。

我没哭

湛然上山散步，走了很远。

徒步也是一个功夫啊，从小锻炼出徒步的能力，对未来有很大的益处。

还有，在寺庙里做早晚课，需要站一个小时甚至更多，且大多数时间都是站着，对培养定力和毅力都有好处。

湛然五岁半的时候就可以将早晚课坚持下来。只是，他毕竟还是小孩子，有时候跟妈妈上山，走得远了，就累了。累了可又没有办法，山上又没有公共汽车，只能坚持往下走。走着走着就哭了。

事后我问他，湛然，你那天走累了，哭了吧？

湛然说，我没哭，我只是流了一些眼泪。

去除烦恼

湛然平时在北京凤凰岭山下的一个书院里读中华传统经典，周末和我们上龙泉寺做功课，一般是早晚课。寺庙里都有早晚课，早课是早上的四点半，晚课是下午五点。

功课是念诵经典的精要，是过去的高僧大德根据各类重要经典精选汇集成一本，用于功课。或唱诵，或拜，一般时间是一个多小时。湛然竟然都能坚持下来，而且还挺喜欢。

冬天起床很难受，他竟然会跟我说，爸爸，我要是起的来就自己起来穿衣服跟你去上早课；如果我起不来，你就帮我穿衣服，我闭着眼，你把我抱上车，然后上山去上早课。

在北京龙泉寺上早晚课的时候正好接近他六岁生日。只上了几次早课，他竟然就能将早晚课诵的内容都记个大概，至少什么内容在哪一页，他都很清楚。

也许孩子的记忆力和毅力比成年人要强。很惭愧，因为念的顺序并不都是按照经本上的顺序来的，而且过几天念的内容都不一样，会调整，所以，偶尔我会找不到念诵到哪里了。找湛然，他肯定知道。

有一天上完早课，我们从佛堂里出来，顶着凤凰岭寒冬里满天的星星，湛然说，爸爸，上早课的时候，我的烦恼就没有了。

我说，什么，你有什么烦恼啊？

湛然说，当然有啊，姐姐老是打我，掐我嘴巴，拧我胳膊，这就是我的烦恼。可是，现在都没有了。

晚饭时，我问湛然，下午我不在的时候，姐姐打你了吗？

湛然说，没有。

我说，你不要恨姐姐啊，她还小……

湛然说，放心吧，老爸，我不会恨她的。我的心里不放恨，过去了就过去了。

121

缘起性空

湛然忽然说他不想在山下的书院读书了，他想在山上的寺院里读书。

这个问题很复杂，因为寺院里并不具备带一个六岁小孩子读书的条件。虽然姐姐已经在寺院里读书了，但姐姐十二岁了，而且，寺院的僧侣可能看出姐姐条件挺好，于是就让她和另外一个孩子两个人组成了一个班，好几个老师教她们俩。估计是湛然比较羡慕吧，不过这是我的想法，也许湛然根本就没想这么多。

不管怎么说，湛然提出的要求让我想了很多。出于对孩子的尊重，我还是做了仔细的斟酌，经过综合考量利弊，最后还是选择让孩子上山读书，我和他妈妈轮流带他读书。

上山的第一天，我还是想了解观察一下湛然到底有没有在寺院里读书的慧根。我告诉他，今天正式在山上读书了，你要听话，好好读书。

湛然说，好的。爸爸，我要拉屎。

于是我带湛然去厕所拉屎。

山上的居士生活区有两个厕所，一个是居士楼里的现代厕所，有冲水，有暖气，很干净；一个是建在山坡上的简易厕所，就是过去最常见的茅坑。砖垒的，四面透风，屎拉出来直接掉进坑里，可以直接看清楚的，不用粪勺舀就永远待在里面的那种。

我带湛然去那里拉屎。冬天很冷，我们俩蹲在坑上，寒风毫不留情。

湛然说，你为什么带我到这个厕所啊，多臭啊，多脏啊。

我说，你想想，真的是厕所又臭又脏吗？

湛然说，我明白了，不是厕所又臭又脏，是我们又臭又脏，是我们把厕所弄脏了。

我很高兴，说，湛然，这个答案我很满意，很高兴。

湛然说，你别高兴得太早。我根本就不觉得是我们脏，根本就是厕所脏。我刚才是说错了。老爸，你以后不要带我上这个又脏又臭的厕所拉屎了。

……佛告须菩提：凡所有相，皆是虚妄。

若见……

"无无明"是什么意思

早上，我带湛然读《金刚经》。

我的要求是他先能跟着读下来，然后再背下来。

湛然很听话地跟我读，一般读一遍需要四十多分钟。

读的过程中，他会走神。我用手敲敲他的手或者腮帮子，他就能回过神来，继续安心和我一起读。

读完了，再一起读一遍《心经》和《大悲咒》。
一天又一天。

读多了，湛然忽然问我，《心经》里的"无无明，亦无无明尽"是什么意思？

我很为难，想了半天，说，孩子，你还小，这个问题不好解释，不过，等你长大了，你搞懂了，再告诉爸爸。

天生的东西，不信不行

　　湛然好像天生就跟佛家有缘分。很多东西，没有人教他，他竟然常常口出异语，令人诧异不已。听多了就不奇怪了，不过，有的时候，还是让人直冒冷汗。

　　在寺院里的生活很紧张，也比较苦，起得早，睡得少，工作也多，而且很多人在一起，想偷懒都不好意思。时间长了，有的人难免就会有些懈怠。

　　周末妈妈悄悄把湛然带上车，在车上，又悄悄跟湛然说，喂，这个周末，我带你下山回家，这样，明天我们俩就可以睡个大懒觉了，哈哈……

　　湛然正色道：睡懒觉，光睡懒觉，小心下辈子做不了人啦。

　　妈妈吓出一身冷汗，赶紧打消了回家睡懒觉的念头。

　　这事说给我听，我也惊出一身冷汗，不敢懈怠。

八关斋戒

很多人来龙泉寺受菩萨戒和八关斋戒。湛然也要受。

大人告诉他，小孩子不可以受。太小了。

我受八关斋戒的时候，妈妈带着他竟然也受了，是他自己强烈要求的。

八关斋戒是佛教中的一个戒行，受戒的人经过一定的仪式之后，从中午开始到第二天天亮之前，不能吃东西，也不能唱歌、欣赏歌舞，不能在身上洒香水或者梳妆打扮，乃至不能说妄语，等等，有很多要求。对成人来说，做到不难，毕竟还不到一日一夜，但对孩子好像就有点难度了。

我受的时候，到了中午就多吃点，省得晚上饿。湛然哪有这个心眼啊，到了中午，吃几口就忙着玩去了。到了晚上，他饿得难受了，问妈妈：妈妈，我可以吃东西吗？

妈妈说，不可以，你受了八关斋戒了。

湛然就忍着。忍了一会儿，湛然说，可是我饿得肚子疼。

妈妈心疼孩子，赶紧给孩子吃了点东西。

湛然吃完了，说，妈妈，我要找法师忏悔。因为我破戒了。第二天，湛然真的就去找法师忏悔去了。

忏悔有一个仪式。湛然认真地履行了这个仪式，很真诚地忏悔。

事后，他还常常提起这事，说，自己破戒了。

有居士安慰他，小孩子，不要紧，而且你也忏悔了呀。

湛然说，在山上就是要战胜自己的贪欲，可是，我被我的贪欲打败了。

最后这句话，令我目瞪口呆。

只战胜了一次

冬天，龙泉寺比山下要冷很多。就是在山下，早上四点起床也是件不太容易的事情。

刚开始，湛然都能坚持早起上早课，后来感冒生病了，有几天就没有起床，一懒床就懒了好几天。

我下山办点事情，一周多才上山。问湛然，你这段时间早课上得好吗？

湛然说，每天早上早起就是自己跟自己战斗，要让自己起。起来了，就是战胜自己。

我说，我是问你这周早课上得怎么样？

湛然说，我这一周只战胜了一次，其他都失败了。

129

斩断烦恼

　　湛然从山下带了一把塑料剑、一把塑料刀，挥舞着就上山了。男孩子平时都爱玩这些东西，自从上山之后，这些东西都很少玩了。下山从家里拿点东西，湛然顺手就把这些个看着挺吓人的玩具带了上来。

　　我说，这些刀啊剑的带上山不合适吧，这里可是寺院啊，你还是玩点别的吧。

　　湛然说，正因为是寺院我才要带这些东西上来。

　　我说，胡说。

　　湛然说，不是胡说。

　　我说，就是胡说。

湛然说，不是胡说，我是
用这剑斩断烦恼。

我听了一愣，没话说了，
也不知道他说的是真是假。

131

让我当一回爸爸吧

晚饭，我带湛然出去吃饭。

出门，他说很臭。原来是有人做饭，他闻出了肉味，说，是肉臭。

我当天受了八关斋戒，晚上不吃饭，所以就带湛然去一家素斋馆买点吃的。

回来的路上，我跟湛然说，回去以后咱们干什么？

湛然说，回去以后先吃点东西，再玩一会儿。

我说，不对。回去以后，先吃点东西，就读《金刚经》。

湛然说，然后呢？

我说，然后就睡觉。

湛然说，然后呢？

我说，然后就天亮了，就该上早课了。

湛然说，哦，我知道了。爸爸，你能让我当一回爸爸吗？你当儿子。

我说，好的啊。

湛然说，我们回去以后干什么呀？

我说，回去以后就读经。

湛然说，回去以后读经就免了。

我说，不行，不能免。

湛然说，一定免，一定要免。

我说，不能免，我主动要求必须要读。

湛然说，不免就说明你不听话，不听话我就狠狠地揍你一顿。我是爸爸。

写字和玩的区别

给湛然布置了写字的功课，一开始写的数量还不错，可是过了几天，越写越少，一天就写几个字，他就跑去玩了。真拿他没办法。就在我绝望的时候，想跟他发火了。

他好像知道我的底线一样，也好像是自己在跟自己做斗争，知道自己写字少不对，自己站在椅子边掉眼泪，然后埋头写字。

我说，孩子，我跟你道歉，我不应该跟你发脾气，但是，你应该自觉地写字，对不对？

湛然说，可是写字太累。

我说，你写着写着就不累了，写忘了就不累了。

湛然说，我写着写着也忘不了。

我说，那你闭着眼写，什么也不想，只管写，就不觉得累了。

湛然说，我闭着眼怎么写啊？

我说，我的意思是你写的时候别想那么多，就不累了。

湛然说，我不想那么多也觉得累，而且你布置的功课太多了，这么多字要写。

我说，这才几个字就嫌多。

湛然说，要写很长时间的啊。

我说，你用心写就忘了时间长了。

湛然说，用心写也不会忘了时间长。

我说，你玩的时候怎么不嫌时间长啊。

湛然说，玩有乐趣啊。

我说，写字写多了一样有乐趣啊。

湛然说，那不一样。

我说，一样。

湛然埋头开始写了。

这次写字的数量很大，他的进步也很快。

湛然的新朋友

　　新年里，山上有很多人上来在寺院里过春节，带上来一些小孩子。湛然就认识了几个新朋友，他们大概八九岁的样子。

　　湛然自己说他七岁，其实他才六岁多。他们看起来聊得很投机。正好我过去了，湛然叫我，说，老爸，你来一下，我给你介绍一下我新认识的朋友。我就过去了。

　　湛然一一给我介绍了他的新朋友。

　　他的新朋友也向我致意。我也向他的新朋友致意。

湛然说，你也向我的新朋友介绍一下你自己吧。

我还是第一次向这么小的孩子介绍自己，一时不知道怎么介绍。

湛然显然想帮助我，说，这样吧，你先介绍一下你几岁了。

我尴尬地说，刚过年，已经三十九岁了。

一个小孩子认真地说，嗯，比我爸小一岁。

另一个小孩子说，你叫什么名字？

我说，我叫刘书宏。

三个孩子说，那好吧，我们一起来玩老鹰捉小鸡吧。

我说，我还有别的事情，没时间陪你们玩，你们自己玩吧。

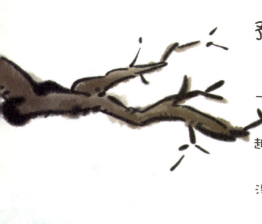

预感真灵验

　　小孩子有时候会说些很奇怪的话，偶尔就兑现了。他要是祈祷一个什么东西，灵验的概率好像比大人要大。

　　湛然就经常会这样，说些话，竟然应验了，时间一长，出于有趣的心态，有点什么事情就问问他。他好像也习惯了。

　　下午，我抱着他去上晚课，跟他很严肃地说，你已经将近三周没有上早课了，明天你一定要早起和我一起上早课。

　　湛然认真地说，老爸，我有个预感。

　　我说，什么预感？

　　湛然说，我预感我早上起不来。这几个星期我都有预感，早上起不来，果然，都没有起来。你说灵不灵？

我怎么可能像她那么暴力

有沙弥师见到湛然。

问，哎呀，你长大了，变得越来越像你姐姐了啊。

湛然说，啊，怎么可能，我怎么可能像她那么暴力？

功夫来之不易

　　小男孩大多喜欢刀枪棍棒，所以，湛然经常在腰间插满玩具刀枪，还有晾衣服的杆子。因为那是伸缩的，很有剑插进剑鞘的感觉，结果也成了他的玩具。

　　他打扮成那样，说自己是将军，要保护妈妈。

　　电视里播放介绍少林寺的电视节目，一下子就吸引了湛然。

　　看了一会儿电视，他指着电视对我说，爸爸，我要去少林寺。

　　我说，为什么呀？你要去学功夫啊。

　　湛然说，是啊。

　　我说，可是，你知道学功夫可不是那么容易的，要吃很多的苦头，才能学到。

　　湛然想了想说，我去不是学功夫。

　　我说，那你去干什么呀？

　　湛然说，我只是去参观参观。

劣迹

　　姐姐放假，我带姐姐到天津玩几天，湛然和妈妈在山上。

　　姐姐估计是到了叛逆期了，不大听话，也不听老师的话，结果停课一周，加上她请了一周的假，整整两周的时间。

　　我们俩推心置腹地谈啊谈，想尽了办法，有一些成效，但我发现这可不是一朝一夕的，得有长期对战的心理准备。这很让我头疼。

　　很快就要回山上读书了，妈妈打来电话，哭诉湛然的劣迹。

　　湛然很长一段时间不上早课，扬言不公平，说姐姐放假两周，他也要放假两周，所以这两周内就是让他读书，他也不好好读书。

　　妈妈在寺院里要做一些事情，给湛然布置了功课。湛然没做功课，自己跑出去疯玩，把脸摔青了。据他自己说，一共摔了十几跤。

最不能原谅的是，他竟然跑到高处，扔下一个东西，砸中同样在寺院里修行的一个老太太的鼻梁。砸得很重，老太太大怒，不依不饶，另一个老太太劝解，最后说，你打我一下吧。老太太这才破涕为笑。

妈妈严厉地批评了湛然。妈妈又给湛然布置了功课。等妈妈走了，这下，湛然没跑出去玩，却用墨水染黑了自己的舌头，也染黑了床单，而且功课也没做。

妈妈回来一看，崩溃了。先揍了湛然一顿，然后给我打电话，痛哭着说，不要这个孩子了，让我把他接走，接走随便找个学校去上学去，实在带不了他了，也教不了他，太不听话了。

妈妈在电话里哭得很惨。我也挺难过的。

真是没办法，前天还打电话告诉我，湛然真乖，真听话，真是个好孩子，今天就成了这样了。

141

换新车

我总想换新车。我的老车已经二十多万公里了。

湛然的堂兄二十八岁，也想换新车。

他经营公司，我写剧本和小说什么的，我们经常念叨换新车的事情。我们都有一个愿望，如果再做一笔不错的业务或者来一笔比较丰厚的稿费就换新车。

湛然忽然跟我说，爸爸，你可以换新车了。

我说，真的啊。

湛然又跟他的堂兄说，哥哥，你也可以换新车了。

我们俩高兴坏了，纷纷说，真的啊？

湛然说，当然啦，你们俩把车互相换一下，不就换新车了吗？

新的用法

湛然妈妈在山上跟湛然生气了，正好工作忙，我又要回天津的公司办事，湛然就被我带回天津。我一边工作，一边带他读书。

早上四点起来上早课，他要是起不来，就给他穿上衣服，抱到佛堂。

每天功课做得稀稀松松的，大概是他岁数太小吧。

他姐姐从小也受的这样的教育，读得多，写得少，动笔能力稍微差一些。所以，对湛然就调整了一下，每天会有很多的写字功课——写毛笔字和铅笔字。

晚上五点上晚课，晚上七点读书，然后睡觉。

白天，他会自己玩，课间休息的时候，看漫画书什么的，比较烦人的是他拆装我的东西，比如我浇花的喷壶就被他拆了，而且装不上了。地上一个壶身，一大堆零件。

我抱怨，完了，一个好好的壶，被你祸害了。

湛然认真地举起那个壶身，说，其实，你以后浇花，不用喷，直接用壶接水浇就可以。

孩子是大人的镜子

湛然郑重其事地跟我说，老爸，你应该对我耐心一点，不能随便骂我，就算我做了坏事，你也应该好好地跟我说，跟我讲道理。

我说，好的，好的，我努力做到。

战胜自己

我自己带湛然读书，写字。

遇到很多的困难，这才真正体会到什么叫易子而教。

因为孩子跟自己太亲密，所以很难对他提要求，一旦提了要求，他会撒娇，而真正的老师则不这样。一度，我都想退缩了。

早上，湛然不起床。我跟他说，孩子，我知道你现在很想睡懒觉，但人是应该战胜自己的，对不对？这个时候就应该起来，勇敢地战胜自己。

湛然迷迷糊糊地说，我战胜不了自己，我绝对战胜不了自己。

这个电话是干什么用的

公司的门口有个内线电话，专门用于和物业联系的。

湛然问，爸爸，这个电话是干什么用的？

我说，是和物业联系用的。

湛然问，和物业联系什么事情啊？

我说，一般情况下，就是有困难啊，有问题啊，就用这个电话给物业打个电话。

湛然问，哦，你要是揍我了，我就打这个电话，他们能来帮我揍你吗？

　　我说，他们能来，但不是来帮你揍我，是来帮我揍你。

　　湛然问，那为什么呀？

　　我说，因为小孩子在哪里都要守规矩。这个大楼有这个大楼的规矩，小孩子读书就有读书的规矩，不守规矩可不行。

　　湛然说，哦，我知道了。

爸爸老师

自己教孩子有个好处，就是跟孩子沟通起来方便，了解孩子的每一个心思，孩子也了解我，我下一句会说什么，他能脱口而出。比如，他做得比较好了，我还没夸，他就先夸了自己，夸完了以后就会自说，我就知道你会这么说。

自己教孩子也有很大的弊病，就是孩子跟你没有距离，很多要求就很难达到。

我跟湛然说，从现在开始，你现在读的是爸爸学校。上课的时候，你要叫爸爸老师，不能叫爸爸。

上午写字，字稍微多了一些。

我要求他多写点。湛然立刻撒娇，说，爸爸，我不想写了，太多了。

我说，叫爸爸老师。

湛然说，爸爸老师，我要退学。

还是花钱的事

正好我在做一个关于助学的公益纪录片，记录北京市仁爱慈善基金会在贫困地区资助孤困少年儿童的事情，很感人。看那些素材，我经常会忍不住泪水。

在山区，很多孩子常年如成年人一样艰辛劳作，还要上学读书，一个初中生一年的生活费只是四百块钱，一个高中生是一千块钱。即便这样，也不能保证。

即便有人捐助了，意味着这些孩子每天的生活费也只有一块多钱，其中一两毛钱是在学校的热水钱，剩下的就是饭费，很多孩子基本不吃菜。

有的孩子上中学了还穿着小学时的校服，过年时为了一件新衣服，就要上山打柴，不知道要打多少才够一件新衣服。

老师说，这个孩子尽管很困苦，但是他很慷慨，即便这样，还经常帮助别人。

有很多孩子父母外出打工，自己和祖父母乃至曾祖父母一起生活，承担繁重的农业劳作。这些在外打工的父母工伤率很高，有的甚至死亡，留下年幼的孩子饱尝生活的艰辛。

一个十四岁的孩子父亲打工死亡，母亲积劳成疾而病故，哥哥十六岁就外出打工，他每天劳动、上学、照顾自己，将父母的遗像挂在客厅，每天礼拜、上香，以此作为生活的动力……

这些故事，我讲给了湛然听，希望他能够懂得金钱的价值和意义。我们浪费的钱，如果不浪费就可以给更多人带来改变。

湛然若有所思。

木偶剧

湛然对他人的困苦虽然有了一些了解，但毕竟是小孩子，还是会迷恋饮料以及小食品等等。

公司的马路对面新建了一个很豪华的剧场，里面会上演京剧、话剧等等剧目。节假日会上演儿童剧和木偶剧。

三·八节，一场叫《丑小鸭》的儿童剧要上演，我想带湛然去看，湛然也很高兴，可是，门票太贵了，最便宜的也要六十一张。

我跟湛然说，太贵了。

湛然说，六十是很贵的钱吗？

我说，是啊。我只带了一百块钱，根本就不够。就算是我多带了钱，我也会觉得太贵了。

湛然心里算了算，说，我们两个人要一百二十块钱。不够。

附近有免费公园，里面的设施很好，很豪华，很漂亮，是天津和墨尔本为纪念友好城市而建设的公园，旁边是一个豪华幼儿教育机构，常年开班办学，门口永远停着很多豪华车辆，来接送孩子。旁边的快餐店也跟着水涨船高，最便宜的一份饭也要十二块。

我们吃素，即便这样，因为公司所处区域豪华的生活方式，使得我们的生活成本很高，我和湛然吃一顿饭，要二十多。一个月下来，再加零食和玩具，可不是一笔小的开销。

我决定不看木偶剧了。

我把想法告诉湛然。湛然想了想，说，那就不看了吧。

　　从公园出来，湛然又想起了木偶剧。他说，爸爸，我们还是看木偶剧吧。

　　我说，我们钱不够。

　　湛然说，我有个办法。

　　我说，什么办法？

　　湛然说，你有一百块钱，你可以给我买一张六十的，这是够的，然后我自己进去看，你在外边等我。这样不就行了吗？

　　我说，做梦。

有情有义的刘湛然

　　我每天要做功课、念经。念经有很大的功德，对我们的精神和物质生活都有极大的利益。

　　每次做完功课，都要回向。回向是把你做功课所获得的利益再布施赠予给你的亲属和那些需要帮助的人，乃至所有的众生。

　　湛然和我一起做功课。

　　晚课后，我念回向文，将福德利益回向给更多的人。

　　湛然忽然说，爸爸，你应该回向给珠珠。

　　忽然让我想起来，很久没有珠珠的消息了。

　　这么久了，湛然竟然没有忘记。

154

与此同时，地球上，某处……

啊……

啊啾！

祝贺你啊珠珠，
打喷嚏是有人
念叨你……

谁念叨我呢？
……刘湛然！

素食的孩子更健康

　　几乎每天我都要带湛然到公司楼下的一个公园里去玩，一是他自己强烈要求，二是我也觉得这样对他的成长有好处。

　　公园里有很多儿童娱乐设施，设计的都很精巧，对成年人也有诱惑，比如独木桥，你必须小心地走过去，不然就会掉进水里。当然，水面上有专门的安全网兜着，并不会真的让你掉进水里，但依然会很刺激，特别能挑战人的勇气和身体协调能力。还有一条小河，你只能用一根绳子荡过去。如果不小心，也会掉进水里。同样，水面上也有安全网兜着。想象的时候觉得不难，但亲临现场，就会胆怯。

　　湛然今年六岁多，我们在公园里玩的时候，发现了一些问题。同龄的孩子当中，他的体质非常好，也很勇敢，荡绳子过河还有过独木桥以及别的游乐设施，他都可以轻松掌握。而大多数孩子都会畏惧不前。有的，连很简单的设施都不敢过，需要父母扶着。即便是扶着，也不能过。而且，大多数都裹得严严实实的。看着，我很难过。

　　有一个家长看见湛然的身体协调能力和体质，又知道了湛然的年龄，很是诧异。我们聊了一会儿，了解到，现在社会上的孩子普遍身体不好，常去儿童医院，穿得也很多，已是北方的初春，湛然只穿着一件单衣，穿着凉鞋。

　　孩子一疯玩起来，不会轻易冻着的，这和平时的体质有关系。

　　湛然从小就吃素。我也吃素，他的姐姐也吃素。所以，体质很好，极少去医院。

　　体质好，身体的协调能力就会好，柔韧性也好。其实，体质好，是和智力有关的，不会单独存在，灵活，勇敢，少病，有耐力，乃至聪慧，这些素质我认为和素食是分不开的。

　　大人吃素比较难，要克服和改掉口舌的习气。小孩子吃素就挺容易的，大人平时多注意给孩子吃水果、蔬菜、五谷杂粮，这些东西足可以支撑孩子的营养。况且，湛然从小到大，从未刻意去给他增加什么营养。我吃什么，他吃什么。

　　我吃素，他也吃素。粮食和蔬菜，能让人更聪慧，更健康。信不信的，你看了湛然就知道了。

居士贤天

2009 年 3 月 15 日，刘湛然在北京凤凰岭龙泉寺皈依上学下诚法师，成为一名小居士，法名贤天。

湛然非常高兴，拿到皈依证后竟然当众亲吻皈依证，且骄傲地告诉别人，他皈依了，法名叫贤天。

当天，有位岁数大的居士见到他，调侃着说，哎呀，你皈依了，以后我就不能叫你二子了，我得叫你小师兄了。

湛然严肃地说，不，你不能叫我小师兄。

居士问，那叫你什么呢？

湛然说，你得叫我师兄，不能叫我小师兄。

落花流水

湛然放暑假了，他能熟练背诵《论语》中的很多章节，熟练背诵《大学》《中庸》等传统经典。通过测评后，我接他回家。

路上，谈起他的书院读书生活，也谈到了他的同学。

他说有个同学叫乐乐，总是欺负他。

我说，那你应该宽容他。

湛然说，可是他总是欺负我，打我好几次了，让我很痛苦，我的日子都没法过了。

我说，那你还是应该宽容他。

妈妈说，那你不能总让人家打你啊？

湛然说，书院不让打人，所以我不能打他。对啊，可是他为什么打我呢？

我问，他怎么打你的啊？

湛然说，每次他都把我打得落花流水。

我说，那你应该告诉老师。

湛然说，幸亏我告诉了老师，老师把乐乐批评得落花流水。

事情能糟糕到什么程度

湛然和我以及他的姐姐和妈妈一起在山上学习，学的什么呢？有很多内容，其中有一个重要的内容，就是遇到事情不发脾气，因为发脾气对自己的身体不好，对事情也没有益处，纯粹是一个坏习惯。可是，人要是不发脾气，那是件多么难的事情啊。

我在公园里带湛然玩的时候，总看到家长跟孩子发脾气，大事小事都会先发一通脾气，甚至于要求孩子摆个照相的姿势孩子没摆好，家长也会发脾气。

发脾气是会让自己得病的啊，而且对孩子的心灵成长更是有影响。但不发脾气真的很难做到，尤其是带孩子。

孩子能干多糟糕的事情呢？

160

很糟糕。

　　我让湛然写毛笔字，他想往砚台里倒墨汁，结果把半瓶墨汁全给洒了，桌子上，抽屉里，还有他的鞋子，衣服，裤子，脚，地板，全是墨汁。

　　一瞬间，我的头都大了。

赶紧拿卫生纸。发现卫生纸根本就解决不了，于是找来抹布。抹布擦一下就不能再擦了，否则就成画水墨画了。只能擦一下洗一下，擦一下洗一下。

　　这个过程，我观察自己的内心，起了一点点的小烦恼，有一瞬间懊恼了一下，想跟湛然发脾气，但很快就平息了。因为我意识到发脾气不仅解决不了问题，只能让事情更糟糕，所以就按部就班地擦，收拾现场，有点进步。

　　我没发脾气。湛然自己倒是吓坏了，他强烈意识到自己闯祸了。

为了惩罚他，洗他脚的时候用的是冷水。他说要热水，我说不给你热水，就得用冷水。

　　他表示认可。

　　洗衣服，洗地板，洗桌子，洗抹布，洗拖把……忙了好一会儿，才消停。

湛然脱了衣服躺在床上看书，还好，不是很惊慌。
我让他向我道歉，他道歉了。
我问他怕不怕，他说有点。

我说不用怕，谁都会不小心犯错误，下次注意就可以，我们还去写毛笔字，就在刚才洒了墨汁的地方写，这次不要再洒了。

湛然很勇敢，就在老地方，用原来的墨汁和笔，接着写。

我的七宗罪

湛然下山暂时和我住在公司里。

他写字的根子不错，毛笔字有模有样的，笔法和笔锋的使用似乎是天生的，这一点比我强多了，我都快四十了，对笔锋的使法还模棱两可。只是湛然太调皮了，不好好读书，不好好写字，要连哄带威慑地才能安心写字。自己带孩子，自己教就有这样的缺陷，很难将父亲和老师之间的角色转化。而且，湛然也不早起了，原先还早起和我一起上早课，现在干脆睡到大天亮。《金刚经》也不好好读。

好在，虽然他不好好读，但读起来却都能认识，能读得不错。但是，太调皮了，总是会让我烦。只是，我烦的时候，自己不知道而已。

晚上，为了他不睡觉，我强行关了灯，不让他看漫画书。

湛然哭了，哭着说，老爸你没耐心了。

我说，胡说，我有，是你没耐心了。

湛然说，谁说我没耐心了？

我说，你要是有耐心你为什么哭啊？

湛然说，我没哭。

我说，没哭，你的眼睛上面是什么，还有脸上，难道是口水。

湛然立刻止住哭泣，说，就是口水。

我说，口水怎么跑到脸上了。

湛然说，你就是没耐心了，对孩子没耐心。

166

我说，我怎么没耐心了？

湛然说，第一，我今天用沙发建了个房子，我听见你说，真是乱啊。

我说，还真是，那我跟你道歉。

湛然说，第二 *—% ￥%#·￥%%……

第三 #%……—*—%% ￥%*）（*—………

第四 ￥—**……% ￥￥——

第五 *—……%—*（））**—……

第六 —……%%—*（*—……%%

第七 ）**…………%—*（

我说，真的是哎，这些都是我今天没耐心的表现。我向你道歉。

湛然说，你今天还说谎了。

我说，我怎么说谎了？

湛然说（—%……*%……—**…………%

　　我一听，吓一跳，幸亏没有别人在，赶紧道歉：我以后不说谎了，向你道歉。但是你以后好好读书，听话，别太调皮了，行吗？

　　湛然说，好吧。

像花儿一样长大

晚上定的给湛然洗澡，但是，一天下来，太累了，就给忘了。

睡下后，湛然忽然说，老爸，还没有洗澡呢。

我敷衍，不用了，改天吧。

湛然说，不行，今天的事情今天做。

我说，也不是每件事情都得今天做。晚两天洗，没关系。

湛然不甘心地睡了。

第二天，湛然忽然对我说，老爸，你想让我快点长大吗？

我说，当然啊。不然，总像你现在这么调皮，我可受不了。

湛然说，那好，你要是想让我快点长大，就每天给我洗个澡，我就能快点长大。

我说，为什么呀？

湛然说，你想啊，你的花每天都浇水，所以就长大了，我也是，每天给我洗澡，我就像花儿一样快点长大了。

171

你小时候呢?

孩子妈妈在山上发来短信，说老大不听话，气死她了。

我劝孩子妈妈，要忍，忍耐，对孩子一定要有耐心。

孩子妈妈暂时听从了我的劝解，说忍无可忍怎么办?

我说，山上有法师教诲大家，忍无可忍的时候，也是有办法的，就是再忍一把就过去了。

第二天，湛然实在太调皮了，严重地影响了别人的工作。我实在忍不住了，把他揪出来，再一把将他推倒在地。

他哭了。

我趁热打铁，问他错了吗?

他说错了。

我说，你改不改?

他说改。

我说一会儿要好好吃饭。

他说，好。

我说，吃完饭写字。

他说好的。

大概是没见我跟他发脾气，所以他很害怕，老实了很多。

我说，你太调皮了。

他忽然幽幽地问我，你小时候调皮吗？

我想了想说，也挺调皮的。

他说，你是不是也惹爷爷生气？

我想了想说，是的。

他说，小孩子都会调皮的，不是吗？

我说，也是。

他说，所以你不应该对我发脾气。

我说，我小时候是调皮，但是爷爷用大皮鞋踹我，我都没踹你。

他没话了。

我把他一个人留在屋里，让他好好反省。

出了屋，我倒吸一口凉气，出了一身冷汗。

可是不能随便小看一个小孩子。

学会了体贴人的湛然

刘湛然去了一个另一座大山里的读经班学习经典。以前提起来让他去，他就拒绝，因为那样会离开父母。小孩子都是依赖父母的，每次提都被他断然拒绝。

可是有一次，他忽然对我说，老爸，你请我吃顿饭，我就去。

老天，这算是个什么条件啊。

晚饭时，我带他去一家素餐厅吃了一顿，过了几天竟然就高高兴兴地把他送去了。

这一去，就是一个半月。

再见到他时，车开到山下，上不去，只能步行。

刘湛然自己从山上飞奔下来。

长变了。

他问我，你看我有什么变化。

我看不大出来。

他说，看眼睛。

我看了看，哦，他已经不眨巴眼睛了。之前，他有个坏毛病，眨巴眼睛。

他问，你看我还有什么变化。

我想了想，还是想不出来。

他说，听我说话。

我还是没看出来。

湛然说，我已经不叫你老爸了，叫爸爸。

哦，我明白了，山里带孩子学习经典，先要让孩子克服很多在山外染着的坏习气。湛然自己都知道这是坏习气。

湛然有很多很多的变化。

山里的厕所就是茅坑。早上，我要撒尿，推开门，反正是大山里，我想找个草丛就解决了，湛然正色道，不能随地大小便。

湛然把我领到一个茅坑，让我在里面方便，然后愧疚地说，你可不要嫌这个脏啊，也不要嫌这个臭啊。

把老刘我感动坏了，连连说，不会的，不会的，我怎么会嫌这个脏和臭呢。

募捐

　　四川地震，我们看了很多关于地震的电视节目。募捐，成了这一段时间的主要话题。

　　六·一儿童节，我们在看地震灾区的儿童节的电视节目。湛然忽然问我，爸爸，灾区的小朋友没有爸爸了，我把你捐给他们吧，这样他们不就有爸爸了吗？

　　我没想好怎么回答。

　　湛然想了想，又说，把姐姐也捐了吧，省得她老是欺负我。

　　我说，那妈妈呢？

　　湛然说，妈妈还是留下吧。

门牙呢?

湛然来看我，见他换门牙了，有个豁。
觉得有趣，问他，咦，你的门牙呢?
他答，哦，拿去修理了。

高难度算术

让湛然用心去解一些有难度但又不为难小孩子的算术题，不仅使湛然的思维和宏观思考能力有了明显的提高，也让他对数字有了很浓厚的兴趣。

他给我出了个题目。

他问，爸爸，我给你出道算术题。

我说，好的，你出吧。

湛然说，家里有四个人，走了两个人，每个人需要吃三个苹果，先吃了一个苹果，一共几个苹果？

我说，不明白，你再说一遍吧。

湛然说，这还不明白啊。家里有四个人，走了两个人，每个人吃三个苹果，先吃了一个苹果，一共几个苹果？

我说，真的不明白。

湛然说，哎呀，你真是笨死我了。家里有四个人，走了两个人，还有两个人，一共吃三个苹果，先吃了一个苹果，还有两个苹果，这你都算不出来啊。

我说，难度太大了，实在算不出来。

湛然说，笨死。

大脑的锻炼

　　社会上有很多针对幼儿的智力训练机构，很贵。其实，智力训练可以在平时的点滴中进行，如果您有心的话。我们在生活中总是依赖纸和笔，电子时代就依赖电子产品，大脑就不怎么使用了。

　　我和湛然在外边吃饭过日子，偶尔会觉得很麻烦，天天要下楼外出找吃的，不吃又不行。门口的一个饭馆有送餐的业务，停了很多送餐用的自行车在便道上。

　　湛然说，爸爸，我们以后叫餐吧，这样就不用总是下楼了。

　　我一想，也是，这样就省事多了。

　　湛然说，爸爸，你有笔和纸吗？记一下这个送餐电话吧。我说，我没有。

　　湛然说，那就用你的电话记吧。我说，不。

　　湛然说，那怎么记啊。我说，拿你的脑子记。

　　湛然说，啊，这怎么记得住啊？我说，这怎么就记不住啊？

　　湛然说，不可能记得住的啊！我说，肯定能记得住的啊！

　　湛然说，我可记不住。我说，你一定记得住。

　　我们俩对峙了一会儿，还是我占了上风，没办法，湛然只能拿脑子记，从饭馆回公司，进电梯，怕忘了，他只能一个劲儿地叨叨那个号码。路上，他曾走神，结果忘了。所幸我还记得。到了公司，他赶紧找个小纸片记下来。

　　晚饭是他自己打的电话，说得很有条理，没什么漏洞。接电话的很诧异，听着是个小孩子的声音，但又不敢确认是真的订餐电话，但后来还是相信了。

　　很快，送餐员就敲门了，问，是你们这里定了两份餐吗？

　　湛然说，是的啊。

我是看着你长大的

真的不是我故意的，就这样长大了，弟弟也长大了。往事如电影一样，就在眼前，一幕一幕的，既现实，又超越。

《我是看着你长大的》这本书，是我爸之前记录下来的我弟弟的成长故事，和他以往的文风一样，平静而有趣，读着读着就让人开怀大笑，但感同身受的地方也会让人心酸而眼圈发红。

生活嘛，就是这样，喜怒哀乐，样样都有，有的时候真的想不出到底意义在哪里，但现在看来，当有人触动我们内心深处那些最敏感和柔软的地方，那个，可能就是意义，否则，我们每天忙忙碌碌地活着，一天一天地长大，一天一天地老去，意义在哪里呢？

这本书里没有一句在讲道理，就是讲父亲和孩子的有趣的成长故事，一件又一件的小事情，虽然小，却件件可以拨动我们的心弦，让我们心里怦然一动，却又不知道这个心弦在哪里，是怎么起作用的。

我也不太清楚，但隐约感觉到，这个可能就是生命的美好。我可以接受每个人都是这个世界的过客的现实，可以接受每个人都会老去，并最终死去，但是，我可以通过这些故事懂得感恩，懂得珍惜。

书中的很多故事，我也是当事人，因为这样的书，父亲曾经给我写过三本。我相信，孩子们读了这些书之后，有一天一定会无比感谢自己的父母。我也相信，父母们读了这些文字之后，也会更加包容自己的孩子。

因为我们生活在这个世界上，彼此相爱，就够了，不需要在这份爱上贴上标签：如果你学习好，我就更爱你；如果你学习不好，我就不爱你，甚至恨铁不成钢。爱，为什么会变成恨呢？

今生，我们有缘在一起，就是最大的幸福。等我们老了，我相信我们的孩子也会这样对我们。无论我们老去之后，讲理不讲理，行动利索不利索，絮叨不絮叨，孩子们都会爱我们，不会因为我们的唠叨而厌恶我们，不会因为我们反应迟钝而不愿意和我们在一起。因为我们是亲人，是相爱的亲人。爱，就没有条件。

这几年，我见过很多很多与父母失和的孩子，也见过很多很多两代人无法沟通的故事。好多事情，我们其实都挺无奈的，但是我相信是有办法的，这种事情，讲道理是没有用的，道理已经太多了，要讲爱。人与人之间，亲人与亲人之间，有爱了，就不需要道理了。因为我爱你，一切就不是事了，就这么简单。只有爱可以超越所有的矛盾，观念的冲突，乃至信仰的差异。

这些书的文稿是爸爸多年前就留给我的，那时候我还没有长大，后来，我开始学习编辑这些文字，开始了解一本书到底是怎样做出来的，一本好书到底是怎么样做出来的。真的要感谢我的爸爸，不仅为我们留下这些文字、这些故事和记录，还为我留下了如何成长的道具。

以前，我会觉得编书不难啊，不然这么多书都是怎么做出来的呢？但现在知道了，生活中的每一件事情都需要我们去学习，去了解，去用心。机会不会平白无故地就出现在我面前的，我现在获得的每一个成长的机会，学习的机会，都是前人努力的结果，所以，我也要努力。

编书不是一个人的事，还需要和编辑老师们学习，向出版方请教，向周围的人请教，听取种种的意见和建议。主要还是要真诚吧，不能把所有的责任都推给出版方，自己也要用心，为这本书的意义负责任，为自己做的每一件事情负责任，为自己说的每一句话负责任，为自己认识的每一个人负责任。

这是我在我爸爸的这本书里学到的，也是在编辑、出版这本书的过程中学习到的：感恩别人给予的每一个机会，包括拒绝；学习不断地推翻自己固有的想法，调整思路；考虑别人的感受和处境，理解读者，尊重读者；让生命中的每一个点滴都充满感恩和成长的印记；不管结果怎样，都做一个有情有义的人。

这本书不太一样的地方是有很丰富的插图，插图是王宁老师画的，很传神，尤其是封面，让我们格外欢喜，很多小朋友都很喜欢，很多家长都很喜欢。文字短小精悍，三下五除二，就把读者带入了那个情景，简单易读。

和爸爸写的前几本关于孩子成长的故事一样，有的读者一边读一边乐，时不时就咯咯咯地乐一会儿，有的人，会因为这个书名，这个封面开怀大笑之后而潸然泪下。我相信，那些都是做过父母的人。

即将到父亲节了，这本书献给我的父亲、我的弟弟，也献给天下所有的父亲以及与父亲共同努力成长的孩子们。

愿我们彼此相爱，不附加任何的条件。

图书在版编目（CIP）数据

我是看着你长大的／刘书宏，刘真然著；王宁绘．—北京：国际文化出版公司，2017.7（2023.1 重印）
ISBN 978-7-5125-0961-0

Ⅰ．①我… Ⅱ．①刘… ②刘… ③王… Ⅲ．①家庭教育—经验—中国 Ⅳ．① G78

中国版本图书馆 CIP 数据核字（2017）第 131255 号

我是看着你长大的

作　　　者	刘书宏　刘真然　著　王　宁　绘	
责任编辑	赵　辉	
总 策 划	葛宏峰	
统筹监制	李　莉	
策划编辑	陈　静	
美术编辑	秦　宇	
出版发行	国际文化出版公司	
经　　销	国文润华文化传媒（北京）有限责任公司	
印　　刷	天津画中画印刷有限公司	
开　　本	880 毫米 ×1230 毫米　　24 开	
	8.5 印张　　120 千字	
版　　次	2017 年 7 月第 1 版	
	2023 年 1 月第 2 次印刷	
书　　号	ISBN 978-7-5125-0961-0	
定　　价	39.80 元	

国际文化出版公司
北京朝阳区东土城路乙 9 号　　邮编：100013
总编室：（010）64271551　　传真：（010）64271578
销售热线：（010）64271187
传真：（010）64271187-800
E-mail：icpc@95777.sina.net